U0044537

根本真情系列 ⑦

金門奇人軼事

◎ 林怡種 著

探花宰相林釬
異相奇人蔡復一
提督戰將李光顯與邱良功
僑匯興學陳景蘭
抗日英雄黃世澤
開科第一陳顯
第一才子許獬
有肚量有福氣王國珍
海盜搶劫雙落厝
出征壯丁林永輝

金門縣文化局

序 《金門奇人軼事》

郭哲銘

　　怡種先生蜚聲浯洲文壇早矣！其筆端時似落雨瀟湘，賺人熱淚；時又大塊噫氣，振人心脾，無論沉逸跌宕，或是慷慨激昂，讀之皆是沛然莫之能禦，令人迴蕩其中。除了文筆之外，怡種先生還蘊蓄情心，尤其對於枌里舊土特為熾熱。其筆尖時常澆灑熾心，兼擅新式科技為媒，發皇「金門根本文采工作室」網站（http://www.kinmen.info/），使其文彩、情心傳遠流長。

　　近年來怡種先生於公務案牘之餘，猶肆筆耕苫畢，成幀「金門奇人軼事」乙書，凡約六萬餘言。其書體例清晰，論述詳實，敘事考辨均有所本，洵為嫏嬛佳構。此等大作本不待我續尾添蛇，徒擾讀者清目，只是怡種先生照持後學不遺其力，囑我撰序，力辭不獲只好腆顏附其驥尾。

　　為感其誠，體其意，小子不得不狂言，以誌怡種先生之愛護。

　　《金門奇人軼事》凡列十篇：〈挽瓜揪藤──探花宰相林釬傳奇〉、〈異相奇人蔡復一〉、〈小徑村的傳說──戰功彪炳的武將李光顯和邱良功傳奇故事〉、〈陳景蘭建樓興學傳奇〉、〈開科第一──陳顯傳奇〉、〈抗日英雄黃世澤──諜報工作話當年〉、〈金門第一才子許獬〉、〈有肚量、有福氣的王國珍〉、〈雙落厝的傳說〉和〈壯丁林永輝出征的悲歌〉。通體觀來，皆為輯撰鄉里傳說，此即近世所謂「民間文學」（Folk Literature）。「民間文學」看似簡易，其實要駕馭得宜，必需深具功力。因為「民間文學」通常是用最道地的在地語言呈現，其間掌故紛紜，同時口述者可能錯置史實，並且可能出現一個事件

多種說法，甚者是一種說法呼應許多事件，治者若是不能擁有深厚的在地語言實力，諳熟典故事理，明條史事源流，徹悉人文來龍去脈，將會深陷千百年來層累漸積的龐雜人、時、事、地、物等故事叢林中，無法自拔。

怡種先生此書出入其間游刃有餘，條述內容舉重若輕，於在地語言能夠精純掌握，並且清曉史事層理，通透掌故，可謂是才、學、識兼具之展現，極是值得推薦與讀者，未來若是時間允許，猶請怡種先生勤力筆耕，為金門研究、為讀者、為後世，再續佳篇。則我狂語亂筆，猶可說是對讀者有所貢獻，而托大附贅之愆亦可減弭一二。幸矣！樂矣！

序　歷史，也可以很精彩！

陳欽進

　　有幸率先拜讀怡種兄的《金門奇人軼事》，感佩外，還有更多複雜的元素。認識怡種兄也有許多年了，多年來對其的感覺均是亦師亦友。先不論其輝煌的藝文經歷了，單就其在文學上的堅毅與用心，便令吾輩小子瞠乎其後。

　　本書列舉了金門的十則傳奇故事、六萬餘字，或蕩氣迴腸或小品莞爾，在在顯現出作者對斯人斯土的細微觀察與感情。值得一提的是，本書諸多故事或成稿甚早，但其並不以為自滿，仍不時修訂；近年更挾金廈兩岸小三通之地便，藉數度往返神州尋根之便，為其他筆下的人物、故事增添佐證資料，及精彩照片，要說作者是道地的民間文學作家，應不過矣。反觀吾等小子，縱胸有千情萬縷，卻總難落實到位，遑論是化成字字珠璣，以饗讀者了。作者嘗自謙其書讀得不多，有的只是「囫圇吞棗的激盪出一股熱愛文藝的傻勁」，然放眼當下，能秉此「傻勁」而數十年不輟者，鮮矣。

　　還是來談談作者筆下靈活鮮跳的人物及故事吧。金門是個人文元素豐沛的島嶼，本書收錄的林釬、蔡復一、陳顯、陳景蘭、許獬、王國珍、邱良功、林永輝、黃世澤等，均是歷史中真實存在的人物；然而，經過作者巧妙的枝節添加，故事兀自生動了起來，這就是民間文學的重要特色吧！

　　事實上，「民間」與「文學」本是兩個對立的語詞。「文學」講的是文字的構成與傳播；「民間」恰在體現非文字、口語化的傳播概念。因此，「民間文學」通常被稱為口傳文學、口述文學，或口語文學，也就是口口相傳、流傳在民間百姓間的故事及歌謠等等，這恰恰又和作家文學形成了對比的概念。

幾年前，有幸聆聆浯島兩位青年作家對「歷史故事」與「民間故事」分野的辯談。孰優孰劣早忘了，卻始終忘不了眾人對金庸武俠小說雋永動人的一致觀評。事實告訴我們，一則好的故事要留傳久遠，「傳奇」絕對是重要的元素之一；歷史或許有其史觀上的論證，但少了穿鑿附會的口耳流傳佐料，就彷彿沒了真實的人味，沒有人味的故事，是很難雋永動人的。此或許是魚與熊掌的兩難，卻不應妨礙文學創作者的馳騁發展。

　　作者正以其絮根鄉土的情懷，造就了金門歷史的可讀性，尤其是近年補綴的傳神影像，更為其作品添加了恢宏、寫實的風格。謂其僅憑一股熱愛文藝的傻勁而為，實過謙矣，若無「秉春秋筆，記天下事」之職志，焉能成就本書之精彩？

　　怡種兄新聞編輯出身，浸淫藝文早矣，其作品早受國內知名作家丘秀芷女士、林文義先生撰文肯定；其間因掌《金門日報》編輯主任、總編輯之重責，雖仍置身於文藝花園裡，卻已少見文學花朵面世。近年來，因職場更迭，讓其換了心情，不但重拾生花妙筆，更不時的吆喝著──爬山去！於今，身形不再「中廣」，人也顯得精神、年輕，「愈活愈回去了！」正適合他現在的狀態與心境。

　　觀這十則故事，可為金門歌、為金門泣。金門有過「貴島」的顯榮，亦有著烽火下的壓抑。該怎麼形容金門的現在與過去？「貫歷冰霜因有節，縱凌霄漢尚虛心」，或正適合金門與它的子民。

　　我曾稱兄為金門的「草地狀元」，展讀此書，或汝亦會道，然也！

序　默默耕耘的園丁
──試論林怡種《金門奇人軼事》

陳長慶

　　《金門奇人軼事》是作家林怡種先生的第七本著作。然而，這本書卻有別於他先前所出版的「根本真情系列作品」，以及任職於《金門日報》總編輯期間撰寫的「浯江夜話」、「社論」和報導，其筆觸已深入到浯鄉文史資料的蒐集與傳奇人物故事的書寫。作者不僅掌握住文史書寫的要領，融合文學創作的要旨，更以報導文學的磅礡氣勢和嚴謹之筆，透過縝密的思維與細心的觀察，復以華麗典雅的詞藻為讀者們介紹浯鄉十位「奇人軼事」。文中無論遣詞用字或人物故事的描述，均有其獨到的一面。讀者們看到的，彷彿不只是單一的「奇人軼事」或繁複的「傳說故事」，而是文史與文學並融的不朽之作。非僅讓人有耳目一新之感，更可從他粲然的字裡行間，明瞭這塊土地的人文歷史。

　　大凡生長在這個島嶼、以及對這塊土地有深入瞭解的專家學者或過客都知道，金門民間附會於史實並流傳千古的傳奇故事可說不勝枚舉。然其情節則是眾說紛紜，加上古籍深奧難懂，又缺乏有利的史籍資料可佐證，文史工作者更不能憑空杜撰，故而非但不能廣為流傳，甚至還有被荒廢和流失的可能。果真如此的話，不僅是我們這一代的不幸，亦是後代子孫的不幸。

　　因此，基於知識份子的使命感，作者曾利用公餘走訪島上無數個村落，親耳聆聽耆老說故事，復又親自跨海到對岸探尋相關人物的史蹟文物，試圖以淺顯、通俗的文字，為浯島奇人軼事作紀錄。讓旅居海內外鄉親，以及兩岸三地同胞，能更深一層地瞭

解金門的歷史文化與風土民情。即使各篇時空不一，人物背景不同，但無論從明清或民國，古代或近代，作者均能抓住重點、摘其精華，為讀者作最詳細、最完美的詮釋；並有一百七十餘張彩色圖片穿插其中加以闡述和佐證，故而我們敢於肯定：《金門奇人軼事》是一本圖文並茂、可讀性甚高的文史佳作。

全書分為十個獨立的單元，古代與近代各五篇。雖然作者是依書寫的先後順序來編排書目，但為了便於分析，筆者不得不把它區分成兩個類別。其一為明清時期的「古代篇」：〈挽瓜揪藤——探花宰相林釬傳奇〉、〈異相奇人蔡復一〉、〈小徑村的傳說——戰功彪炳的武將李光顯和邱良功傳奇故事〉、〈開科第一——陳顯傳奇〉、〈金門第一才子許獬〉等。其二為民國後的「近代篇」：〈陳景蘭建樓興學傳奇〉、〈抗日英雄黃世澤—諜報工作話當年〉、〈有肚量、有福氣的王國珍〉、〈雙落厝的傳說〉、〈壯丁林永輝出征的悲歌〉等五篇。

在〈挽瓜揪藤〉這個篇章裡，作者所花費的心思和精神的確非筆墨所能形容。儘管它不是書題作品，全文亦只短短的六千餘字，但卻是最為傳神的一篇。文中不但融合著好幾個精彩動人的傳奇故事，更把「挽瓜揪藤」的典故，活生生地呈現在讀者面前。此時，我們姑且不必去管探花宰相林釬的傳奇故事有幾種版本，然則經過作者跨海求證與史料對比的結果，「東閣大學士」——亦即「一人之下，萬人之上」的探花宰相——林釬是金門后壟人已是不爭的事實。

作者並透過該村耆老林再註先生為讀者講述林釬的身世故事。雖然時隔三百多年，但在口耳相傳下，林老先生依然能憑藉著自己的記憶，把故事的來龍去脈做最完整的敘述。復經作者以其生動的文筆、華麗的文詞，來詮釋這段感人肺腑的傳奇故事，不僅讓人留下深刻的印象，更是一篇不可多得的文史作品。

　　〈異相奇人蔡復一〉作者雖然提出三個不同版本，但卻離不開「一目觀天斗，孤腳跳龍門，龜蓋朝天子，麻面滿天星」的說法。甚至在這短短的二十個字裡，非但是蔡復一最好的描述，也同時忠告世人不可貌相。關於蔡復一的傳奇故事，筆者曾拜讀過洪春柳老師〈七鶴戲水的故事〉以及大陸作家張再勇〈撫劍鎮太平，舉筆安天下——兵部尚書蔡復一〉等作品。兩岸作家書寫的方式雖然有異曲同工之處，但林怡種先生的〈異相奇人蔡復一〉則多了十餘張珍貴的佐證圖片。並親自走訪古老的蔡厝村落，企圖從亂麻中抽出源頭，尋找傳奇故事的真相，再佐以史籍文獻，以免犯下以訛傳訛的大忌。而非只靠那些輾轉傳述、略帶神話的野史揮灑成章的，確實已盡到了一個文史工作者的職責。

　　〈小徑村的傳說〉敘述的是戰功彪炳的武將李光顯和邱良功表兄弟的故事。作者除了告訴我們兩則先賢的軼事外，也同時針對小徑村之前的地名作了極詳細的詮說。倘若不是他親訪九十四高齡的小徑耆老，而轉換成文字訴諸筆端，又有多少人知道「大徑變小徑」的由來。

　　〈開科第一——陳顯傳奇〉的「夏興」與「下坑」亦有同樣的情形。即使上述三個故事，多數鄉親均耳熟能詳，但作者除了親赴各地做訪談外，並與史料相印證，重新賦予文字新生命，把三位先賢的生平軼事發揮得淋漓盡致。復又以其新聞專業素養，把兩個村落的周遭環境和時代變遷一併為讀者介紹，這似乎也是一般文史工作者少見的現象。由此我們可以清楚地發覺到，作者撰寫此文的用心。

　　有「天下第一勞，許獬進士頭」、「文章許鍾斗，品德黃逸叟」之稱的許獬，作者在這一章裡，看不出有任何理論性的論述，純粹以通俗易懂的白話文類，有條不紊地為讀者詳述先賢的生平軼事。即使作者是參考其著作與史籍資料以及相關報導書寫

而成，但畢竟歷史真相只有一個，不容竄改或捏造。故而我們從整篇文章中，可以看到作者下筆的嚴謹，除了筆鋒銳利、言之有物外，讀來並不生硬。似乎試圖以通俗的口語化來取悅讀者，讓人有一口氣想把它讀完的衝動。

尤其是十則詼諧的短文，無論是「載載載童生，朝朝朝天子」、「狀元阮毋知，會元荷包內」或「日日冬至，夜夜元宵」均讓人讀後有愛不釋手之感。當然最為傳神的是「夜宿安溪，楹聯塗鴉」裡，以「臭猴死猴安溪猴猴罵豬哥豬哥罵猴」來對該祠「文士武士天下士士敬君子君子敬士」之楹聯，以報復安溪某宗祠族裔嘲諷金門學子「書讀佇胛脊」的無禮行為。由此更可凸顯金門第一才子許獬，除了自幼天資聰穎活潑外，且又調皮詼諧機警。

讀完先賢的傳奇軼事，依次進入「近代篇」〈陳景蘭建樓興學傳奇〉的故事裡。其建樓興辦「尚卿小學」之善行，可與碧山華僑陳睿友捐款興建「睿友學校」、供該村及鄰近村落學童就讀之善舉相媲美。作者在尚未進入主題時，毋忘先把這個被譽為「海上仙洲」的島嶼歷史和地理做一番介紹，復始為讀者講述陳景蘭先生的出洋史，以及「景蘭山莊」的興建過程、洋樓的興衰與運用。無論是日據時期的「警察大隊部」，國軍撤退來金的「五十三醫院」，九三砲戰期間的「金門中學」，八二三砲戰過後的「官兵休假中心」，抑或是青年救國團舉辦的「金門戰鬥營」等等，作者均能掌握住文史書寫的要領，為讀者做最詳細的解說。陳景蘭洋樓的興建，可說是華僑在外創業有成，回饋鄉里的典範。而建樓時景蘭先生年僅三十六歲，更是現時代青年必須效法的典型人物。該篇不僅只是陳景蘭建樓興學的傳奇故事，也是昔日陳坑漁村的一頁滄桑史，值得讀者細細的品嚐。

〈有肚量、有福氣的王國珍〉同樣是一頁華僑奮鬥史，其後

裔更是資助國父孫中山先生革命，建立中華民國的旅日僑商王敬祥先生。作者欲詮說的並非只是王國珍興建十八間閩南傳統古厝的聲名。「落番客」的「六在、三亡、一回頭」的辛酸淚，似乎也是整篇文章欲表達的重點之一。

　　即便像王國珍有如此際遇的人並不多，但如果沒有他展現其寬宏大量，讓一個上門求助的不速之客渡過一個溫暖的寒夜，所有的機會勢必擦身而過。而又有誰會想到，這位素昧平生的陌生客，竟是從大陸東北遠來日本推銷五穀雜糧的同胞。往後兩人不僅成為莫逆之交，也是商場上的好伙伴，王國珍在日本的事業版圖，亦由此開始。當他事業有成時，卻不忘出資返鄉蓋屋建學堂，讓族人有屋住，子弟有讀書的地方。

　　當我們讀完整個章節時，卻也發現到部份文史工作者，無論是書寫「民俗文化村」或是王國珍的奮鬥史，凸顯的幾乎都是他的後裔王敬祥如何資助國父孫中山先生革命，而卻忽略了王國珍誠懇待人的「度量」，以及他不隨同鄉一窩蜂赴南洋，隻身前往日本謀生的遠見。作者除了在文中詳述原由外，他的事業能因此大展鴻圖，也應了浯鄉「有量才有福」的俗語話。這則鮮少人知的小故事，絕非是作者憑空杜撰，而是透過其後裔與耆老的口述，做成詳實的紀錄，讓讀者能更深一層地感受到〈有肚量、有福氣的王國珍〉隻身遠赴東洋奮鬥的辛酸史。

　　〈雙落厝的傳說〉其故事背景為臨海的一個小村落—洋山。文中的「槍樓」和「強損」對年輕一輩的讀者來說可能較陌生。作者告訴我們說：「所謂『槍樓』，就是為防範

海盜入侵，在制高點構建一幢高樓，四
面堅厚牆壁及頂樓女兒牆者設置槍枝射
口，易於監控海面或要道，當海賊來襲
時，守衛的哨兵在槍樓居高臨下，以火
力對付海盜。而『強摃』就是來打家
劫舍的『強盜』，係來自大陸內地，
行搶之前，通常都會先派出『探子』
裝扮成小販，遊走各村落觀察地形
地物，蒐集有錢人家屋內陳設，以
利賊頭進行打家劫舍。」

　　從整個架構而言，「雙落厝」那對王姓老夫婦遭受「強摃」
的洗劫，似乎不是傳說，而是發生在那個兵馬倥傯年代，一個真
實的故事。試想，一幢耀眼奪目、美輪美奐剛落成不久的雙落
厝，裡面住的又是一對返鄉定居的「番客」夫婦，「強摃」不找
上門打劫才怪！王姓老夫婦雖然幸運地保住性命，但卻已「驚破
膽」，在不得已的情況下，不得不再度「落番」，留下大門深鎖
的雙落厝和一個傳說故事。而這個故事發生的地點，正好是作者
的家鄉，即使年代已久遠，但作者卻多次親訪村中耆老，並從他
們身上獲得第一手口述資料，因此寫來更加傳神生動。看完整篇
作品，我們不得不佩服作者的用心，且也讓我們有置身在那個年
代之感。

　　進入〈抗日英雄黃世澤──諜報工作話當年〉這個篇章時，
作者依然以他一貫的書寫方式，把昔日鹽村西園的歷史，透過他
的文學之筆，鉅細靡遺地為讀者們做介紹。尤其是西園鹽場的興
衰史，可說與他欲敘述的抗日英雄黃世澤老先生、殺敵的故事平
分秋色。無論從西園鹽場的歷史層面，或黃世澤個人從事諜報工
作的事蹟，都有密切的連貫性，並與他華麗的文詞相得益彰。

　　然而，當我們看到書中「西園抗日紀念碑」的圖片，再詳閱「西園抗日烈士英雄事略」時，的確是悲從心中來。即使這段歷史只歷經過短短的七十餘個寒暑，但似乎已從島民的記憶中逐漸地淡忘。倘若文史工作者不針對少數幾位碩果僅存的抗日英雄加以訪談復做成紀錄，當他們走完人生的旅程，當紀念碑文歷經歲月的風化而腐蝕，或許，這段歷史勢必會被人們忘得一乾二淨。作者在公餘能親臨鹽村，走訪當年「復土救鄉團」的重要成員之一、高齡八十七歲的黃世澤老先生，並把英雄殺敵的驚險故事一點一滴地書寫成章，除了為金門子弟抗日殺敵的歷史作見證外，也同時把這段可歌可泣的真實故事，留傳給我們的後代子孫。其用心之良苦可見一斑。

　　「抽壯丁」這三個字，對老一輩的島民來說，就如同夢魘一般，它也是爾時浯島青年難以接受卻必須承受的宿命。在〈壯丁林永輝出征的悲歌〉這一章裡，作者簡短地敘述後，就把「抽壯丁」的原委，毫不隱瞞地為讀者作詮說。林永輝在沒有能力雇庸頂替下，只好跟隨其他被抽中的壯丁遠赴內地，編入國軍第七十師，穿起草鞋，配發七九步槍打內戰，與現在的「從軍報國」是兩個截然不同的情景。林永輝民國三十五年離家，四十餘年後始透過紅十字會的協助，從廈門搭機繞道香港經台北回到金門。而當他回到闊別四十三年故鄉時，昔日的紅磚瓦厝已毀於砲火，雙親已歸隱道山，妻子亦已改嫁。尚未回來之前他是有家歸不得，如今回來了卻是無家可歸。

　　看完整個故事，想不令人鼻酸也難啊。倘若不是該文在《金門報導》刊載而引起層峰的關注，並指示退輔會協助申辦榮民安養，林永輝後續的人生歲月，勢必更坎坷。不久，林永輝終於住進「養護之家」頤養天年，雖然作者不敢居功，但卻已發揮作家與文史工作者雙重身分的影響力，做了一件深具意義的事。

綜觀上述，《金門奇人軼事》可說是一本古今相融的作品，也是林怡種先生另一種風格的展現。「古代篇」篇篇都是精彩的傳奇故事，先賢的品德操守、為人處世，更是後人應該學習的榜樣。「近代篇」有華僑在外奮鬥史與捐資興學築屋的善行義舉；有「復土救鄉團」抗日殺敵的真實故事；有壯丁為國去征戰、垂暮返鄉無家可歸的大時代悲劇。全書雖然只有六萬餘言，但卻有一百七十餘張佐證圖片，讓讀者能更深一層去體會書中欲表達的意象是什麼。

儘管有部份篇章數年前即已寫就，但作者卻不斷地求證和修改。誠然，文史書寫與文學創作是有其差異性的，《金門奇人軼事》雖是林怡種先生的第一本文史書籍，然其花費的心思不亞於文學創作，甚至有過之而無不及。他曾利用餘暇親赴對岸，透過媒體多方求證，窮十餘年工夫始把這本書定稿。其慎重的態度，力求完美的堅持，嚴厲的自我要求，不僅令人佩服，也讓這本書更完美、更具可讀性。相信《金門奇人軼事》這本書的出版，除了為浯鄉留下彌足珍貴的文史紀錄外，亦有助於海內外鄉親和讀者，對金門這個島嶼的人文歷史與民情風俗多一番瞭解。

林怡種先生從事文學創作逾三十年，較常用的筆名為「根本」，長期以來秉持著對文學的熱衷，默默地在這塊歷經砲火蹂躪過的文學園地耕耘。怡種先生的作品，除了一九八八年由台北錦冠出版社出版散文集《拾血蚶的少年》外，二○○七年更由台北秀威資訊公司出版《人間有情》、《天公疼戇人》、《心寬路更廣》、《心中一把尺》等「根本真情系列作品」一套四冊。復於二○○八年出版《走過烽火歲月》散文集，《拾血蚶的少年》同時修訂再版。由此我們也可以看出他對文學的執著和堅持、以及豐碩的創作成果。其默默耕耘的園丁精神，更值得後進學習。

總的說來，《金門奇人軼事》的出版，除了為浯鄉留下一段重要的文史紀錄外，對生長在這個島嶼的青年學子亦有不貲的啟

發作用。因為這塊土地有獨特的歷史文化與風土民情,尚有許多先賢先輩的豐功偉績或傳奇軼事,正等待有心人士來書寫。純樸善良的島民,走過困苦貧窮的年代與戰爭悲情歲月,一頁頁活生生的血淚史,何嘗不也在等待像林怡種先生這種思維縝密、條理分明、博學多聞的作家來紀錄。

原載二○○九年七月十日
《金門日報‧浯江副刊》

目次

CONTENTS

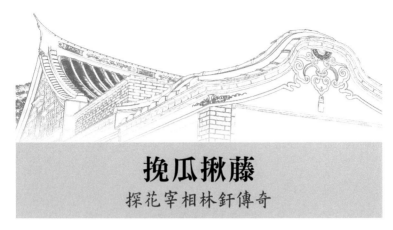

挽瓜揪藤
探花宰相林釺傳奇

　　金門，古稱浯洲，是閩南沿海諸多小島之一，總面積一百五十平方公里的土地上，花崗岩疊疊的太武山，是對岸鴻漸山脈的延伸；隔海東望，整座山儼若仙人臥地，因而金門素有「仙山」的美讚！

儼若「仙人臥地」的金門太武山

左：「探花宰相」林釬畫相（翻攝自閩南日報網）　右：金門后壟村入口村牌

　　也許，金門拜「仙山」鍾靈毓秀之賜，孕育英多，歷代人文薈萃，出將輔相，明、清兩代先後出了四十三位進士，一百三十多位舉人；尤其，明朝萬曆丙辰年，金湖鎮后壟村人林釬殿試探花及第，授翰林院編修，官拜「東閣大學士」，亦即「一人之下，萬人之上」的宰相。

　　根據金門縣志《鄉賢錄》記載：林釬，字實甫，號鶴台（也有文獻記載為鶴胎，經考據應為鶴鳴，目前漳州藍田村林氏宗祠正堂，仍擺設「鶴鳴堂」案桌），甌隴人。出生之前，附近的甌隴湖鳴沸三晝夜，明朝萬曆壬子年鄉貢，丙辰年進士，並在殿試一甲第三名。

　　一般而言，由皇帝親自出題、御覽的殿試，所錄取的第一名狀元、第二名榜眼、第三名探花為「天子門生」，是全國人才的菁英，通常是留在朝廷內重用，並不外放。因此，林釬先獲授翰林院編修直起居注，纂修實錄，經筵展書官，歷任南京國子監司業，左春坊國子監祭酒，詹事府詹事，教習庶起士，實錄副總裁、禮部右侍郎，後官拜為「東閣大學士」。

　　特別值得一書的是，林釬於遷調左春坊國子監「祭酒」，職掌監內有許多銅鼎、銅缸。因當時「閹黨」太監魏忠賢擅權亂政，總攬朝廷內、外大權，人稱「九千歲」，朝中官吏懼於

淫威，包括內閣、六部至四方總督、巡撫等皆多投效門下，淪為「死黨」。甚至，阿諛奉承者，還尊稱他是「九千九百九十九歲」，和皇上「萬歲爺」只差一歲。

當時，太監魏忠賢到處搜括銅製器物，準備熔解私鑄錢幣中飽私囊，有奉承者密告，林釬掌理的祭酒監內，有許多銅鼎、銅缸，可以鑄造錢幣；然而，由於那些銅鼎、銅缸，是天子親臨視察學館時，用以貯存飲用水、或防備火災的清水。因此，林釬不畏魏忠賢勢焰熏天，堅持不肯讓「閹黨」搬走監內的銅鼎、銅缸。

再者，當時「閹黨」首腦魏忠賢擅權跋扈，逢迎拍馬者歌功頌德，並爭先恐後為其立「塑像」和「生祠」，幾乎遍及全國。有一天，「閹黨」姚姓太監，手捧說帖找林釬：

——九千歲功德這麼崇高，應在太學裏立塑像。

林釬回曰：

——大家想想！孔老夫子是大聖人，天下讀書人的導師，與天子地位一樣崇高；而魏忠賢只是臣子，若與孔夫子在太學並列，有朝一日皇上親臨太學拜謁至聖先師，臣子坐於上，君王拜於下，天底下豈有這樣的道理？

後來，「閹黨」逢迎拍馬之徒，仍不死心，又再度倡議要為魏忠賢蓋祠堂，手拿籌款募捐簿，要林釬具名帶頭倡導。

林釬拿起筆來，不屑地在募款簿上胡亂塗抹，因而惹惱了「閹黨」，自知在京城已無容身之地，於是，當晚立即摘下烏紗帽，匆匆收拾行裝，連夜逃離京城。魏忠賢也趁機偽造聖旨，削去了林釬的官籍。

林釬在逃返漳州途中，為避「閹黨」耳目，打扮成市井小民。於星夜趕路途中，來到湖北黃州地界時，為宵禁管制兵士攔下盤查，情急之下，寫了一首詩交給官差：

　　——舟到濟安日已西，故人邀我醉瓊池；因看赤壁兩篇賦，
　　不覺黃州半夜時；塞北將軍原有禁，江南士子本無知；
　　賢侯君問真消息，姓字於今達鳳池。

（由金門後壟林釬後裔林再註老先生恭錄收藏）

　　由於詩句含意深遠，守衛的兵士看後，認為所攔之人非等閒
之輩，想必是有讀過書的官宦顯要，應不是宵小盜賊之流，因而
順利放行。

　　林釬辭官回到漳州龍溪，與髮妻躬耕自食，兩袖清風安貧度
日；直到崇禎皇即位，稱許林釬風骨錚錚，剷除了「閹黨」，魏
忠賢等一干人被處以極刑；林釬再獲拔擢為禮部侍郎、兼侍讀學
士，並尊稱為「林閣老」，後因積勞成疾病歿，享年五十九歲，
諡「文穆」。

　　另有一種傳說：林釬雖精明達練，但日理萬機，難免有疏
失。當時，鄭成功的父親鄭芝龍，橫行於泉、廈海上，然對百姓
「不追、不殺、不掠」，地方縉紳建議招降戴罪立功，於是，出
現「義士鄭芝龍收鄭一官有功」報請朝廷論功授職，林釬不察鄭

左：林釬掛冠辭官歸隱故里的詩句，由其後裔林再註老先生恭錄收藏
右：漳州藍田村林氏宗祠正堂擺設的「鶴鳴堂」案桌

芝龍就是鄭一官，批准授以官職；鄭芝龍受招安之後，為感謝栽培提攜，於「林閣老」壽誕之時贈千金祝壽。「林閣老」婉言謝絕，在禮單後面批一行字：

——成人之美，君子也；因之以利，非君子也！

不久之後某日，林釬為崇禎皇帝伴讀講課，皇上隨口問：

——芝龍、一官，是同一個人？還是兩個人？

林釬回稟：

——臣待罪京師，鄉里事情，臣不能詳知，容查實回奏。

經查問之後，林釬始知自己一時失察，竟犯了欺君大罪，足以「滿門抄斬」，便自縊謝罪。

崇禎皇帝沒料到林釬老臣的自尊心和自責心，是如此之強烈，嗟歎不已！為顧及他一生廉潔奉公，不同流合污，便親筆御

后壟林氏家廟正堂懸掛林釬「探花宰相」的匾額

書賜予「澹泊寧靜，中正和平」八個大字，並於其故居官道旁，建立三間五層的石牌坊，諡號「文穆」，也為其墓碑賜題「慈孝承恩」篆書四字。

此外，全球最大中文百科全書——大陸「百度百科」也記載：林釬（一五七八～一六三六年）字實甫，號鶴台，明末泉州同安金門人，明朝萬曆四十四年殿試探花進士。其餘在朝為官與忠貞情節，大致與金門縣志及明史記載雷同，差異不多，此處不再贅述。

綜觀以上兩岸史籍資料，對林釬的生平事蹟，可謂大同小異，足堪明證林釬是金門的鄉賢，迨無疑義。而且，金湖鎮的后壟村林氏家廟正堂，懸掛著林釬「探花宰相」的匾額，神龕上也供奉著林釬的神主牌位。

由於金門古屬同安縣，前同安縣文化局長顏立水先生，退休後致力從事文史工作與鄉野調查寫作，也曾為文指「文武探花」林釬是金門人，因此，諸多事跡明證，林釬是金門的鄉賢。

然而，部份大陸文史資料，卻記載林釬是漳州龍溪坑洞口社人（今漳州市龍文區藍田村洞口社區），尤其，目前位於漳州市郊外藍田鎮西坑村東北方約三百公尺的路旁，有明崇禎九年為紀念「東閣大學士」林釬，所興建的石柱結構「澹泊寧靜坊」，坊寬八公尺、高七公尺，共計三間五樓十二柱；其中，正樓四坡頂，翼簷角皆有自然瀟灑的起翹，坊上雕刻裝飾精細考究。正匾兩面分鐫「澹泊寧靜」、「中正和平」八個大字，以及「大明崇禎歲次丙子孟冬穀旦立」等字樣。牌坊底下則另立一塊石埤，鐫刻著「漳州龍海市人民政府」於一九八二年六月十五日公告列為第一批縣級文物保護。可惜，頂樓與各樓彫飾文物明顯失竊，而且，附近配合經濟開發大興土木，挖揭土方已危及牌樓地基，將來恐有坍塌之虞。

此外，林釬的墳墓，也在漳州龍溪坑洞口社「林氏宗祠」後側陵地，坐北向南，面寬大約三公尺，墓碑上有崇禎皇御賜所題的「慈孝承恩」四字，墓旁左右各有一支石柱，分別鐫刻著：「生平以道事君歷二十載完名果手扶虹蜺身騎箕尾，大節息邪承聖葳萬千年正氣有江呼龍虎山紀鳳麟。」墓前原有龜基碑及石獅、石羊，與位於金門小徑村邱良功墓園，及后宅村郊陳禎墓園相仿，可惜龜基碑及石獅、石羊均已被竊走，不見蹤影，顯見大陸「改革開放」，文物收藏家蜂擁而至，大肆掠奪古蹟文物，問題比想像還嚴重許多，確實值得相關當局正視，採取保護措施妥為防範。

值得慶幸的是，「東閣大學士」林釬的墓園，大致尚稱保存完整，在左後方其母陳太夫人及其元配楊夫人的墳墓，則沒有那麼幸運，墓塋已被荒煙蔓草所掩蓋，墓碑雖隱約可見，但旁邊堆置許多廢棄的磚瓦，一代偉人的身後，竟淪落如此荒涼，令人不勝噓唏！

幸好，陪同的漳州區政府官員，目睹「東閣大學士」的紀念牌坊與墓園遭破壞，與旁邊所立的保護告示牌落差甚大，頻頻撥打手機要求相關部門立即著手保護與改善，同時，因筆者身為《金門日報》總編輯，備受禮遇，除了漳州區政府非常重視，出動相關人員接待，而且，《廈門日報》指派漳州採訪主任林育農先生全程陪同導覽，尤其，當地的「漳州電視台」，也派出一組記者全程採訪，當有機會站在「中正和平」牌坊前面對攝影機接受採訪，即誠懇地籲請相關單位，希望能妥善保存護林釬的文物史蹟，因為，那是金門之光，也是漳州之光，期待有朝一日能加以重整，讓林釬「澹泊寧靜」、「中正和平」以及「慈孝承恩」的風範能永垂後世。

再者，漳州南靖豐田鎮古樓村還有一座「閣老樓」，是林釬

童年讀書的地方，建於明崇禎年間，清康熙年代曾整修過，是一幢弧形土樓，坐西北向東南，規模宏偉，樓內建「尚寶卿林家公祠」，一九八八年七月為南靖縣人民政府列為文物保護單位，且已成為當地觀光旅遊的景點。

因此，林釬到底是金門人？抑或是漳州人？出現了兩套版本，令人疑惑！

或許，若說林釬不是金門人，為什麼兩岸文史資料，皆明載林釬是金門人，且出生前甌隴湖鳴沸三晝夜。何況，「甌隴」是金湖鎮溪湖里后壟的舊地名，如今村內逾百年歷史的「林氏家廟」正堂，仍高懸著「探花宰相」的匾額，這塊匾額豈能隨便懸掛？又豈能憑空而來？

左：漳州市郊外藍田鎮西坑村崇禎皇御賜
　　「中正和平坊」牌樓

右：「中正和平坊」，漳州龍海人民政府
　　列為縣級文物保護告示牌

可是，若說林釺不是漳州龍溪人，為何林釺故居的閣老樓、澹泊寧靜坊與墳墓皆在漳州，謎題確是值得探索。

所以，筆者特走訪位於金門縣金湖鎮的后壟村，也專程循「小三通」跨海到廈門轉漳州，實地探訪「探花宰相林釺傳奇故事」的真相。

二〇〇七年六月十一日，在《廈門日報》駐漳州資深採訪主任林育農先生的安排下，由漳州區政府宣傳部黃姓、陳姓二位副部長，及文史工作者林躍生先生的陪同下，驅車走訪漳州龍溪坑洞口社，承蒙村內林氏長老開家廟大門歡迎，在正堂大廳敘述林釺的身世，證實林釺來自金門，至於是其母懷胎而來，或是七歲前來，說法不一，實因年代久遠，尚難證實，但林釺是金門人，則迨無疑義！

隨後，龍溪坑洞口社林氏長老們，並陪同前往「林氏家廟」後側陵地，察看「林釺墓園」；據說林釺的墓塋初葬在倉門，後來遷葬洞口社，坐北向南，面寬三米，其來自金門的母親陳太夫人與元配楊夫人的墳墓，位在其後側，惜為荒煙蔓草而掩蓋，無法拍攝墓碑文字。

左：漳州龍溪坑洞口社「林釺墓園」
右：「林釺墓園」墓碑清晰鐫書崇禎皇御賜「慈孝承恩」四字

左：林釪母親陳太夫人與元配楊夫人墳墓被蔓草掩蔽
右：漳州龍溪坑洞口社「林氏宗祠」

　　除此之外，一行人也分乘二部休旅車，走訪位於漳州市郊外藍田鎮西坑村，實地探訪「澹泊寧靜」、「中正和平」石坊牌樓，希望揭開「探花宰相」林釪的身世之謎！

　　　　挽瓜揪藤，探索「探花宰相」林釪的身世，故事應從頭說起。

　　話說唐貞元年間，牧馬侯陳淵率蔡、許、翁、李、張、黃、王、呂、劉、洪、林、蕭等十二姓，入浯牧馬、耕稼拓墾，經一千二百餘年生息蕃衍，今天金門島上，長住居民約有五、六萬人，近半世紀以來，在這一百五十平方公里的小島上，曾誕生三百餘位博士、四十餘位國軍將領，人才匯聚，密度之高，堪稱是世界少有；而旅台鄉親有三十餘萬人、旅居南洋海外僑親更高達七十餘萬人，總計金門子民超過百萬人。其中，如旅馬來西亞的工商巨子楊忠禮、旅新加坡全球海運界翹楚張允中、銀行家黃祖耀等等名揚國際的僑親，多不勝數！

　　由於太武山脈縱貫金門東半島，島之西，居民通稱「過西」；島之東，則稱為「過東」。早期，先民入浯開墾，以島的西岸地帶為主，因而形成許多單一姓氏的聚落，諸如：楊姓為主的官澳、湖下；黃姓為主的西園、水頭；蔡姓為主的瓊林、翁姓為主姓的盤山、李姓為主的古寧頭、張姓的沙美等等。

左：漳州龍溪坑洞口社「林氏
　　宗祠」正門
右：漳州龍溪「林氏宗祠」內
　　樑柱楹聯

漳州龍溪「林氏宗祠」內懸掛著林釬「探花」匾額

　　而「甌隴」位於太武山之東，屬於較晚開發的地帶，且因昔日島上原本蒼鬱的林木，歷經元代燒木製鹽、明朝倭寇之亂燒山、以及鄭成功攻打台灣，驅逐荷蘭人伐木造船與清代兵燹之災，加諸居民肆意濫伐，竟成童山濯濯、黃沙滾滾，尤以東北島最為嚴重，大部份的村落皆設置「風獅爺」鎮煞，諸如今太湖畔「榕園」的西洪村，曾是「人丁未滿百，京官三十六」，已被風沙所掩埋，僅剩明國子監助教洪受的故居──「慰廬」古厝，倖獲留存於世！

本文作者在「中正和平坊」前接受漳州電視台記者採訪

　　當我們來到「榕園」北側約二公里處的「后壟」村，承蒙年近八旬耆老林再註老先生熱忱接待，帶領進入「林氏家廟」，指著正堂懸掛的「探花宰相」匾額，細說「挽瓜揪藤——金門探花宰相林釬傳奇故事：

　　后壟，棣屬金湖鎮溪湖里，古時候叫甌隴，後來變成「後壟」，民國三十八年國軍重兵駐防金門實施「戰地政務」時期，又被改成「后壟」。顧名思義，「后壟」就是墳墓後方的土堆，陰氣太重，也不文雅，金沙鎮的「陽宅」村，已經由一半以上住民同意，恢復原來「陽翟」本名，可是，由於「后壟」村內有人認為更改村名，個人戶籍與保險資料將配合變更，十分麻煩，出現反對的聲音。實際上，后壟原來的名字，就叫做「甌隴」，村內居民，以林姓與黃姓居多。

　　雖然，年近八旬的后壟村耆老林再註老先生，非常謙虛地強調，童年遭逢日軍占據金門，未曾上過一天學堂，屬於「不認識字」的人，所知道的「探花宰相」林釬種種傳說，均是早年跟隨父執輩從事古厝整修時，代代口耳相傳而來，並非參考史籍資

金門後壟村林再註老先生指著林釬出生前鳴沸三晝夜的甌隴湖

料！然而，我們知道，林老先生年輕時「從軍報國」，靠在軍中隨營補習認真讀書識字，退伍後曾當選三屆鎮民代表、一屆鎮代會主席，也榮獲延聘一屆縣諮詢代表，平日熱心公益，關心地方事物，備受各界敬重。

　　林再註老先生表示：三百多年前明朝末年的甌隴村，是一個偏僻的農村，居民靠栽種蕃薯過日子，雖然不靠海邊，無法插石養蚵，但是，勤奮的居民仍藉鄰近的下湖或峰上村的海邊，操舟搖櫓出海捕魚，生活過得非常清苦。

　　一天傍晚，一位大陸內地的堪輿風水師路過甌隴村，眼看著天就快要黑了，且烏雲密佈，雷聲轟隆轟隆乍響，一場西北雨就要傾盆而下，於是，趕緊就近向路旁的人家「借宿」避雨；敲門之後，開門迎客的是林家一位阿婆，屋裡還有一個年輕的獨子，以及等著一起拜天地「轉大人」的童養媳。

　　所謂「有肚量，就有福氣！」當天晚上，阿婆不僅把準備給兒子的晚餐，讓給風水師享用，而且，把平時捕獲珍藏的黃魚乾，也拿出來招待陌生的訪客，令堪輿風水師感動不已！

也因此，風水師感恩之餘，心裡萌生圖報之念，但為了再試試林家究竟有多大的「肚量」，於是，天亮之後，並未立即告辭走人，反而要求再延住幾天，並隨林家獨子徒步到峰上的海邊，參觀他出海捕魚的情形。

風水師留宿的那幾天，屋主一家人並未因陌生訪客「白吃、白住」而不悅，或下逐客令，相反地，仍然天天奉為座上嘉賓，免費招待吃、住。

正因風水師隨同林家獨子到海邊觀看捕魚，就在峰上海邊發現一處「獅落水」的絕佳風水地，若是有福氣的人獲得，子孫將可出將輔相、光耀門楣。所以，風水師臨走之前問林家阿婆：

──如果有機會能大富大貴，是選擇先發後敗，或是先敗後發？

阿婆思索一會兒之後說：

──如果先發後敗，富貴之後，再淪為乞丐，又有何用？

於是，風水師明白告訴林家阿婆：

──儘快遷葬祖墳，把先人的骨骸挖起來，重新安葬於峰上海邊「獅落水」的風水地，將來子孫可出相入相。

阿婆面帶憂色：

──家裡實在沒銀兩，如何雇傭遷葬祖墳？

風水師說：

──只要找鄰人幫忙，並宰殺一隻自己養的土雞，做為祭拜土地公即可，無需花費銀兩！

果然，林家在風水師全程監督協助下，完成了祖墳遷葬。

　　幾個月之後，正是歲末寒冬時節，風水師準備返回內地過年，又再次回到甌隴村，他要求曾提供住宿與熱忱款待的林家阿婆，利用「廿九鬧」，也就是農曆的除夕夜，趁著家家戶戶貼春聯、燃放鞭炮熱熱鬧鬧、喜氣洋洋之際，把養女和兒子「送作堆」成親，無須殺豬、宰羊宴請親朋好友。

　　同樣的，林家阿婆遵照風水師的囑咐，在農曆除夕，將兒子和童養媳「送作堆」；可是，春節過後沒多久，不幸的事情發生了，剛成婚的林家獨子，竟在一次出海捕魚發生船難，被大浪吞噬淪為波臣。

　　可憐林家唯一的獨子，不幸死於災難，婆媳哀傷欲絕。不久之後，有一位來自對岸漳州龍溪的林姓男子，因經常來金門做買賣，販賣一些針線日常用品，兼收購雞、鴨、鵝毛回去，與林家早就是熟識，憐憫之心油然而生，應允願入贅照料她們生活起居，以延續林家香火。

　　正因來自對岸龍溪的林姓男子父母仍健在，在金門入贅屬終身大事，理應稟報雙親，實乃人之常情。於是，徵得林家阿婆的同意，帶著結為連理的妻子，先回一趟龍溪拜見親爹娘；只是，入贅郎與媳婦一去不復返，音訊全無，可憐林家阿婆死了獨子，也未見媳婦回家，終日倚杖候荊扉，開始過著無依無靠的日子。

　　時光如過隙之白駒，不知不覺過了二十幾個寒暑，早已眼瞎的風水師，聽聞漳州龍溪出「探花」，覺得事不尋常，便央人到金門甌隴村，打探林家的概況。

　　雖然，孤苦伶仃的林家阿婆仍健在，卻破口大罵風水師太殘忍，當年表示願「先敗」後發，只是希望先苦後樂，豈知這個先敗，竟是敗到獨子死了，媳婦音訊全無，留下她孤苦一人，所有的依靠都沒有了，還能期待什麼「後發」？

　　風水師獲悉原委之後，立即寫了一封信，托人專程帶到金門

甌隴村，交給林家阿婆，並協助安排渡海到漳州龍溪，恰巧林釬自京城返回龍溪省親，老阿嬤披頭散髮攔路喊冤，獲「林探花」停轎接見。

老阿嬤說：

——阮是一個孤苦無依的老人，全部的希望寄放在家門口種植的一株南瓜，可是，南瓜的蔓藤卻爬過圍牆，在別人家的院子裡結了一個大南瓜，請探花大人作主，這個南瓜應屬哪一家所有？

林釬聽完老阿嬤的冤情，立即判決：

——所謂「挽瓜揪藤」，衡情論理，這顆南瓜應屬林家所有！

這時，老阿嬤把自己的身世和遭遇，從頭訴說一遍，林釬聽後稟報母親，久別重逢的婆媳相擁而泣，證實林釬是來自金門甌隴村林家的骨肉。

峰上海邊「獅落水」風水地

金門村落出入口的鎮煞風獅爺

不久之後,「林探花」親自回金門「徛旗祭祖」。然而,由於甌隴村並未建「林氏宗祠」,就暫時在峰上海邊林家遷葬祖墳的「風水地」,樹立三支大型旗桿,「探花」旗幟正式飄揚在金門的天空,也象徵林釬認祖歸宗,衣錦還鄉。

歲月悠悠,當年林釬返回金門,在峰上海邊樹立的那三支「探花」旗桿,後來成為往返船隻靠岸繫繩的支柱,然經三百多年的歲月侵蝕,早已消失於無形!唯一在金門后壟村「林氏家廟」的正堂,仍高懸「探花宰相」金碧輝煌的匾額,當年林釬出生前鳴沸三晝夜的甌隴湖,也被風沙淤塞,以及農牧開發逐漸縮小,目前僅剩小小一漥水潭,就像「探花宰相」林釬的傳奇故事,在人們的記憶中逐漸褪去!

——原載二○○九年四月十日浯江副刊

異相奇人蔡復一

一目觀天斗，孤腳跳龍門，龜蓋朝天子，麻面滿天星

　　金門最高峰太武山西麓山腳下，在濃密的林木裡，靜靜地隱著一個很古老的聚落——蔡厝。

太武山下土地肥沃，盛產高粱釀造名聞遐邇的「金門高粱酒」

　　蔡厝，顧名思義，就是蔡姓人家居住的聚落，古時候稱作「山兜」。根據金門縣史書冊考證：晉朝五胡亂華，中原多事，許多人南下避難，蔡姓先民從河南入閩，到了南宋末年，有名為蔡一郎者，從對岸的同安縣遷徙入金門島；一家人乘船搖櫓由金沙港沿著斗門溪溯溪而上，一直到源頭太武山腳下，在那裡開山闢地、築屋而居，過著原始的農耕生活。

左：斗門溪發源於「仙人臥地」的太武山
右：古老的蔡厝村，隱在太武山下的樹林裡

　　經過了三百多年，蔡姓人家已經蕃衍了二十代，其子孫有一位名為蔡用明的喜歡讀書，於鄉試「中舉」，在衙門裡謀得官職享有俸祿；根據縣史記載：明神宗萬曆五年，也就是西元一五七七年，蔡舉人娶妻「小登科」，翌年，喜獲麟兒，取名復一。

　　值得矚目的是，在蔡家誕生的這名嬰兒，呱呱墜地即是獨眼瘸腳、佝僂駝背，先天身體殘障，但自幼聰明好學，稟賦異於常人，七歲時讀書過目不忘，十八歲鄉試中舉；隔年，又在殿試金榜題名，高中二甲第七名「進士」，在金鑾殿接受皇上封官賜爵，袍笏加身躋進士林，曾官拜御史總督，獲賜以「尚方寶劍」節制貴州、雲南、湖北、湖南、廣西等五省軍務，征剿西南苗亂。死後追諡「兵部尚書」，在金門史冊上留下不朽的一頁！而屬於他「異相奇人」的故事，四百多年來，在金門與同安等閩南地區，為人們所傳頌！

　　然而，這個「異相奇人」的傳奇故事，由於昔日印刷和資訊不發達，僅靠民間口耳相傳，又歷經四百多個春秋演變，部份情節眾說紛紜，莫衷一是，出現多種不同的版本。

左：蔡厝因「異相奇人」故事流芳於世

右：蔡復一的故居，據耆老指稱就在這幢紅磚古厝（蔡厝1號）後方

　　因此，針對這些傳聞疑點，筆者多次走訪這個歷經七百多個寒暑的古老村子，希望從亂繭中抽出源頭，尋找傳奇故事的真相。

　　只可惜，村中蔡氏的後裔，大都三緘其口，不願多談過去的那段往事。尤其，對外界的諸多傳說，更指為無稽之談。很顯然的，他們不願談起，是很容易令人理解的。

　　幸好，蔡厝鄰村的阿公、阿婆，仍津津樂道蔡復一的種種傳奇故事，經詳加記錄整理，再佐以縣史文獻，下筆探索這個故事之前，仍戒慎恐懼，真怕同樣犯了以訛傳訛的大忌，愧對一代鄉賢。

　　經過多年的鄉野採集，故事應從明朝說起：話說萬曆年間，太武山腳下的山兜村人蔡用明，原本是世代務農的耕稼人家，母親早死，父親也不長壽，兄弟五人克勤克儉，奮發向上，除了耕田種地，也一面抱書苦讀，終於在鄉試「中舉」，在朝廷中謀得官職光宗耀祖，無須在農村過著「晨興理荒穢，戴月荷鋤歸」的耕稼生活。

蔡厝就是蔡姓人家的聚落，「蔡氏家廟」位於村口路旁

　　所謂「寒門出孝子！」早年，或許是家貧，蔡用明的父母親死了，因陋就簡草草下葬，如今，在朝廷當了官，想反哺報答親恩，只可惜「樹欲靜而風不止，子欲養而親不待」，雙親已歸隱道山多年，因此，蔡舉人決定重修祖塋，讓葬在荒山野外的祖先骨骸，能受到更完善的保護，聊表孝思！

　　一般而言，華夏子民普遍深信凡事之吉凶皆有先兆，因而講究「命、卜、相、醫、山」等五術；舉凡風水、住居、生辰八字、紫微斗數、姓名、面相等影響一生禍福。

　　金門人亦是炎黃子孫，許多人仍相信「第一是住居；第二是風水」，攸關家庭之禍福與興衰，蔡家自是不能例外，因此，蔡用明中舉衣錦還鄉，決定重修祖墳，特到大陸內地聘請堪輿風水師，希望能找個良好的風水地，讓往生的祖先安息，也祈望子孫瓜瓞綿延，大富大貴！

　　內地的堪輿「風水師」渡海來到金門蔡厝之後，在村前屋後四處打量，相中屋後高地一處「七鶴真脈」。指稱祖塋遷葬「風水」做成之後，將來子孫可以七代為官，不過，唯一的缺憾是

「洩露天機」，勢必凶煞到他本人，將從此雙眼失明，永遠無法再幫人堪輿討生活。

堪輿「風水師」將實情面報主人蔡用明，要求他眼睛失明之後，盼蔡家能負責安養，獲得蔡舉人的首肯。所謂「查甫講話石斬字，查某講話沙寫字」，君子一言九鼎，於是，選定良辰吉日破土興工，蔡家祖先的骨骸，依禮俗及「風水師」的指示，在「七鶴真脈」完成下葬。

蔡家祖墳順利完成遷葬，不久之後，「風水師」雙眼真的瞎了，再也看不到眼前的景物。依照先前的約定，就住在蔡家接受安養。然而，金門俗諺有云：「久長病，不孝子！」自己的親生父母生病，為人子、人媳晨昏侍奉，可能因兼顧生活打拚，常常「心有餘而力不足」，無法克盡孝道，更別說是一個非親非故的瞎老頭。

當然，起初蔡家殷切款待，不在話下，「風水師」也感激在心，但日久生疏，每日三餐料理就沒那麼用心，失明的「風水師」漸漸心有未甘。有一天，丫鬟端來一盤香噴噴的羊肉，正當「風水師」大快朵頤之際，丫鬟不小心說溜了嘴：

——先生，這隻羊掉進糞坑裡，有沒有臭味？

「風水師」聽了，不禁感到寒心，認為主人已變卦失信，暗忖下一步可能把他趕出家門。於是，心裡愈想愈氣，胸臆間遂萌生報復的念頭。

因此，「風水師」告訴蔡家：

——不好了！不好了！風水生變，祖墳裡有歹物，不信的話，某日正午去墳上聽聽看，裡面有嘩啦嘩啦的水聲，若不立即趕走墓中的怪物，不但會破壞七代為官的風水，恐怕對蔡家也是一個凶兆！

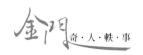

　　經「風水師」這麼一說，蔡家人半信半疑，暗中派人到祖墳上傾聽；果然，墓中水聲澎湃，一切真如「風水師」所言。於是，趕緊找人帶鋤頭、三齒等農具，對祖墳進行開挖，希望消除墳中的「怪物」。

　　工人挖著挖著，突然，有好幾隻白鶴從墓穴中飛出，這個當兒，早已瞎眼的「風水師」，立即用手舀取墓穴中的水清洗眼睛，頓然雙眼恢復光明，看到七隻白鶴陸續從墓穴中飛出，不忍心見蔡家將一無所有，因而疾呼挖墓工人：

　　　　——趕快捉住白鶴！趕快捉住白鶴！

　　倉促間，挖墓工人連忙用手中的農具，壓住墓穴尚未飛走的最後一隻白鶴，由於用力過猛，以致傷到白鶴的一隻眼睛、和一條腿。其餘的白鶴分別飛到青嶼、瓊林和后沙（據說，那幾個村落，先後都出了大官）。

　　不久，蔡用明的太太產下一名男丁，嬰兒呱呱墜地之後，就眇一目、跛一腳，且駝背。但這個天生殘障的男嬰，正是四百多年來，一直為人們傳頌的金門先賢人物——蔡復一。

　　此外，還有第二種傳說：太武山下的蔡家頗為富有，只可惜家族從來沒有人在朝廷擔任一官半職。有一天，來了一個踏山尋龍的「風水師」，與蔡家攀談：

　　　　——山兜附近，有一處「七鶴真脈」的風水寶地，將來子孫
　　　　　　可以七代為官、出將輔相。不過，如果洩露天機，他的
　　　　　　雙眼就會瞎了。

　　蔡家信以為真，對七代為官的風水寶地頗為動心：

　　　　——先生如果指明寶地，自當奉養一輩子，富貴共享。

雙方商定之後，順利完成風水遷葬。果然，「風水師」雙目真的失明，蔡家也信守諾言，提供房屋居住與婢僕侍候，平日並以好酒、好菜供養，主人有的，「風水師」也有。甚至，主人自己使用銀製的臉盆，卻給「風水師」打造金質臉盆。但「風水師」眼瞎，生性多疑，深恐蔡家虧待他，因而藉機詢問侍候的丫鬟：

　　——我用金臉盆，主人是否真的用銀臉盆？

　　丫鬟暗忖「風水師」既然眼睛看不見，金質和銀質臉盆又有何差別？於是，故意要氣他，她說：

　　——主人用銀面盆，先生用的是銅面盆！

　　「風水師」聽了心裡很不爽，因而萌生報復的夕念，其後的情節大致與上述傳說雷同。

　　此外，還有第三種頗為廣泛的傳說——蔡用明是一個孝子，高中舉人返鄉祭祖，順便從大陸內地請來一位堪輿「風水師」，準備協助整修祖墳，「風水師」看中一塊「七鶴真脈」的墳地，遷葬之後，將來主人家裡養的一匹母馬，會生下雙胞胎，兩隻小馬一隻會「放金」，另一隻會「放銀」，主人從此大富大貴；然而，因「風水師」洩漏天機，雙眼將因而失明，他將實情稟告蔡家，獲承諾會放金子的馬，蔡家自己留著，而會放銀子的馬，將送給瞎眼的「風水師」作為養老，賓主皆歡，於是，選定吉日良辰，將蔡家祖墳完成遷葬。

　　果然，風水師的雙眼真的瞎了，蔡家飼養的母馬，也真的一舉產下雙胞胎，一匹會「放金」，一匹會「放銀」，可是，蔡家人違背諾言，不肯將會「放銀」的小馬贈給「風水師」，佯稱母馬只產一頭小馬，「風水師」不信，經常藉機要蔡家人牽出小馬，讓他摸摸是否長大，卻私下留意馬的特徵，暗中做下記號。

有一天，蔡家不疑，牽錯另一匹小馬，果然，被「風水師」摸出蹊蹺，發覺母馬明明是生雙胞胎，卻欺騙他只生一匹小馬，因而萌生報復的歹念，其報復情節與前面兩則大同小異，不再贅述！

觀諸以上三種不同傳說，前面二則似乎比較合情、合理；而後面這則，就有點像「阿拉丁神燈」似的，可信度恐怕是比較偏低！

話說蔡復一出生之後，雖然身體有殘缺：眇目、瘸腳、駝背、麻臉，但卻才高八斗、智勇雙全。童年時，他到鄰村讀書，在學堂裡，常遭頑童戲謔捉弄，看他眇目獨眼，當面喊他：

——打鳥的！（用彈弓打鳥瞄準時，通常需閉一隻眼）

蔡復一不但不生氣，反而不客氣地回曰：

——我是一目觀天斗！

也有同學看他瘸腳走路一拐一拐的，在背後喊他：

——划船的！（划船搖槳時，會左右搖晃）

蔡復一也不生氣，理直氣壯地回敬曰：

——我要孤腳跳龍門！（古時皇帝常自稱為龍，所穿之衣為龍袍，所主持之科考殿試之門為龍門）

另外，也有同學看他麻臉訕笑，蔡復一也笑嘻嘻地回答：

——那是麻面滿天星！

甚至，上學途中，需要經過田間小路，鄰村頑皮的小孩，看他腿一長一短，無法跳躍，故意將路之兩旁的蔓藤拉在一起打

結、或將樹枝橫亙在路上，讓蔡復一去跨越，稍有不小心，便會跌得鼻青臉腫，頑童不但不幫忙扶起，反而躲在路旁嘲笑戲弄，而蔡復一非但沒有哭泣，爬起身來不客氣地回答：

——我要龜蓋朝天子！

可見小小的年紀，不因自己身體殘缺自暴自棄，反而胸懷壯志，立下「跳龍門，朝天子」的宏願！

根據金門縣史文獻記載：蔡復一在十二歲那年，就曾為春秋楚國人范蠡寫過一篇萬餘言的傳記，連中舉的父親看了，都直呼不敢相信；十八歲鄉試中了「舉人」，十九歲進京參加殿試，又高中「進士」。

其實，以他的實力在殿試金榜題名，仍屬意料之中的事。然而，因蔡復一其貌不揚，千里迢迢從金門爬山涉水，一路風塵僕僕進京趕考，由於行動不便，當他趕到考場外，其他的考生都已進場，只有他一跛一跛地姍姍來遲，在考場外被主考官給攔了下來，並疾言厲色斥責：

——走開，走遠一點，這裡人家在考試，不要來打擾！

——我也是來參加考試的，請讓我進場！

——你——?!

主考官睜大雙眼，仔細打量著蔡復一身上殘缺的部位，怎麼看都不相信一個瞎了一隻眼，跛腳又駝背的人，也要參加考試，滿面狐疑：

——考試是讀書人的事，你有讀書嗎？

——寒窗苦讀十餘年，不遠千里而來，就是要參加這個考
試，請讓我進試場！

蔡復一更加理直氣壯。然而，主考官還是不敢相信：

——好吧！既然你是讀書人，要進考場，先過我這一關，讓
我出個上聯，如果你對得出下聯，就讓你進去，如果對
不上，那麼，很對不起，就請回吧！

——好吧！就這麼決定！

但見主考官來回踱著方步，不時抓抓頭皮，久久之後，才乾
咳兩聲，喜孜孜地走到蔡復一面前：

——溪水流砂粗在後！

主考官暗諷，一粒能流到河口的細砂，是由粗礫從上游，經
過漫長歲月的歷煉，以及無情流水的沖擊而成；說得更白一點，
主考官已經很不客氣的告訴蔡復一，像你這種留在後面的遲到
者，大概就是沒有經過歷練的粗砂礫吧！

——風吹穀物糠在先！

當主考官得意洋洋地把上聯說完，蔡復一似乎不加思索地，
立即脫口而出，迅速將下聯對上；畢竟，古老的中國以農立國，
任誰都知道，穀物收成之後，都要靠風力吹去無用的糠糠，留下
有用的果實顆粒。所以，主考官聽後大受感動，立即開門讓他進
入考場，果然一試高中「進士」！

蔡復一身體天生殘缺，其貌不揚，差一點就被主考官給看
「扁」，幸憑機智與學識，終於在殿試「金榜題名」，袍笏加身
蹐進士林。

此外，值得一書的是，蔡復一童年在金門「山兜」讀書、成長，隨後到對岸同安與父親同住，當時，地方上傳說蔡府從金門來了一個「才子」。縣城裡有一位官家仕紳李漳，育有一位長得貌美標緻的女兒，俗語說：「自古才子配佳人！」所以，有人到李家牽線作媒，希望促成姻緣美事，可是，李漳當著媒婆的面，不僅一口回絕，更氣得把廳堂的尺六紅磚都踩碎了，破口大罵：

——窈窕淑女嫁給跛腳郎，那是鮮花插在牛糞上！

並囑咐媒婆：

——回去告訴蔡家，如果我女兒嫁給這號人，那是無天無地！

豈料，李家小姐得知蔡復一才高八斗，學富五車，暗中鼓勵蔡復一多加努力、求取功名。果然，蔡復一殿試高中「進士」，第二年即奉「聖旨」成親，李漳不敢違拗「聖命」，但由於誓言在先，只好沿街以布幔遮天、氍毯鋪地，李女出嫁之日，果然「上不見天，下不著地」，實踐「無天無地」的誓言！

其實，蔡復一文武兼備，智勇雙全，以十九歲之年高中進士，授刑部主事，歷任員外郎、兵部郎中、湖廣參政、按察使、山西左部政、又副都御史、兵部右侍郎、都察院右僉都御史，總督貴州、雲南、湖廣軍務、兼巡府貴州，曾獲皇帝御賜尚方寶劍，節制五省。

根據史籍記載：南方苗、夷起兵作亂，巡撫王三善戰死。朝廷任命蔡復一為兵部右侍郎，獲賜以「尚方寶劍」節制貴州、雲南、湖北、湖南、廣西等五省軍務，征剿西南苗亂。因受命於戰敗之軍，深入蠻荒，欲反敗為勝，備極困難；然蔡復一運籌帷幄，指揮若定，經過七次大戰，殲滅敵人近萬，克復失地數百里；但不幸感染瘴氣死於軍中，時年四十九歲。

因為，蔡復一畢生主要功蹟，就是統兵鎮守西南，掃蕩蠻夷；而且，為官奉守「報國以忠心，擔國事以實心，持國論以平心」，並服膺「正己不求」四字律己，贏得滿朝文武百官所讚佩。明熹宗為表彰其忠勤，追贈「兵部尚書」，賜「清憲」諡號，特遣使祭葬。明崇禎年間，還特別為其建祠，供後人祭拜景仰！

蔡復一遺體安葬在同安縣沙溪鎮，即今廈門市翔安區後安村的小盈嶺山上，墓園占地遼闊，墓前立有石牌坊，鐫書有「正己實心擔國事、卻金淑德勵清操」與「廉政忠言心存社稷、文韜武略威鎮南疆」等楹聯；兩側則各立有一組石馬、石羊，彫工甚細，栩栩如生。隨著兩岸關係逐步改善，金門鄉親前往憑弔絡繹於途，因此，「蔡復一墓園」於二〇〇七年被廈門市人民政府列為「第二批涉台文物古蹟保護單位」。

事實上，蔡復一文武兼備，「撫劍鎮太平，舉筆安天下」，不僅僅是一個足智多謀、驍勇善戰的武將，更是一個博學多聞的文才，尤工於詩詞，曾著有：《遯庵文集》十八集，《詩集》十卷，《督黔疏草》八卷，《雪詩編》、《駢語》五卷，《楚愆錄》十卷，《毛詩評》一卷，《續駢語》二卷等等。

蔡復一在同安縣大同街道環城北路南側有一座故居，係其父蔡用明於明朝萬曆年間所建，是一座「三進落」的大厝，至今已有

明熹宗為表彰蔡復一忠勤功勳，追諡「兵部尚書」
（本篇以下十幀照片由葉鈞培先生提供）

四百多年歷史。後來，蔡復一還特為夫人增建一座「貞素堂」，合為五進三落大厝，規模宏偉，蔚為壯觀。

可惜，蔡復一英年早逝，膝下無子女，其夫人去世後，故居乏人管理。清朝初年被當作軍營，乾隆二年改為雙溪書院，後來也一直當作學堂。由於年久失修成危樓，中共「解放」大陸之後，於「文革」期間拆除作為碾米廠，僅保存最一進落，一九八八年被認屬涉台文物，列為第三批縣級文物保護單位，並成立「蔡復一史蹟研究會」，二○○一年獲斥資近三十萬元人民幣整修，金門「蔡氏宗親會」也捐資新台幣八十萬元共襄盛舉，二○○二年九月開始按原貌進行修復，所有石柱、磚瓦與木材，儘可能保留原構件，歷經一番努力，「蔡復一故居」總算恢復了基本原貌，現被列為廈門市四大名人古蹟保護。

然而，近年來，大陸實施「改革開放」政策，提供廉價

上：蔡復一墓園牌坊
中：蔡復一位於同安翔安的墓園全景
下：蔡復一位於同安翔安墳墓

蔡復－廈門同安故居正堂

蔡復－故居大門

蔡復－故居重修紀念碑

勞工和土地，引進台商及國外的資金和技術，產品行銷全球所向無敵，一夕之間，大陸成為「世界工廠」，尤其，閩南地區語言、文化相通，成為台商的最愛，經濟快速起飛，到處工廠林立，土地大量開發，連山坡地亦不能倖免。

　　二〇〇八年十月，傳出「蔡復一墓」遭附近工程開發挖掘破壞，金門蔡氏宗親會多次向「廈門市人民政府」陳情，要求督

蔡復一故居外牆

促廠商停止挖掘，並恢復周邊原貌，可惜遲遲未獲具體回應。同時，蔡氏族人也請求金門縣政府出面與大陸進行協調，盼能同意將祖靈遷回金門擇地安葬，避免留在大陸遭受污辱。

所謂「人生有代謝，往來成古今！」走過七百多年歲月的蔡厝，而今依舊默默地隱在太武山下，耕種人家仍早出晚歸，過著與世無爭的桃花源生活，只是，大時代的環境變遷，年輕人紛紛出外打拚，古老的民宅相繼大門深鎖，益加顯得落莫！

根據民間的傳說，蔡厝南邊原有幾個小村莊，因當年曾欺侮、嘲虐蔡復一。後來，蔡復一當了官，把那幾個村給廢了。針對這一點，筆者特別請教蔡厝及鄰近幾個村落的耆宿，大家一致指出：不錯，蔡厝以南的山腳下，原有謝厝、蕭厝等小村莊，如

左：蔡復一同安故居，被廈門市人民政府列古蹟文物保護。（葉鈞培先生攝影）
右：廈門「蔡復一故居」，正堂懸掛蔡復一的畫像。（葉鈞培先生攝影提供）

今都不見了，現在耕作犁田，如果犁頭下深些，偶而還可犁到房舍基石，然而，那些村莊為什麼消失？耆宿的說法是：

——以前的房子普遍用泥磚砌成，本來就不牢固，加上蔡復一實現「孤腳跳龍門，龜蓋朝天子」的宏願，在朝廷當了大官，特別是任刑部主事，當年曾欺侮他的人，自己心虛聞風紛紛逃跑，所留房子沒人住，任風吹雨打，日久天長，相繼頹廢傾圮，消失於無形，應不是蔡復一給廢村的！

畢竟，金門人不管走到天涯海角，飛黃騰達之後都會返鄉造福桑梓，豈有殘害自己鄉親之理！蔡復一自是不能例外，何況，他雖眇目，卻立志「一目觀天斗」；雖瘸一腳，卻想要「孤腳跳龍門」；雖然駝背，卻能「龜蓋朝天子」，其胸懷壯志，豈像凡夫俗子一般短見，不是嗎？

一九九一年五月六日原載「金門報導」
二〇〇九年四月二十九日改寫於浯江副刊

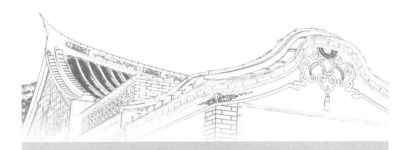

小徑村的傳說
戰功彪炳的武將李光顯和邱良功傳奇故事

　　唐朝德宗年間，朝廷於閩南設五處牧馬區；古稱「浯洲」的金門小島，就是其中之一，牧馬侯陳淵帶蔡、許、翁、李、張、黃、王、呂、劉、洪、林、蕭等十二姓前來墾牧，生聚蕃衍，迄今已有一千二百多年的歷史。

　　其間，先民歷經朱子教化，人文薈萃，明、清兩代科甲連登，出將入相，許許多多的傳奇故事，靠著口耳相傳，一代傳過一代；然而，隨著歲月更迭，年長者，日漸凋零；年輕的，為生活遠走他鄉，屬於金門的民間故事，漸為人們所淡忘。

　　儘管，很多旅外鄉親回到浯島，往往會到處瀏覽一

金門島上大路旁的要道，卻樹立「小徑」的村牌

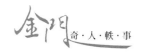

番,但是,普遍來去匆匆,了不
起拍幾張照片留念,有誰會去多
花心思,探索「古龍頭」村,為
什麼變成「古寧頭」,還分南山
和北山?為什麼「古崗村」有大
古崗、小古崗之分?「官裡」到
底是出了什麼官?而「官路邊」
村又曾有什麼大官經常路過?尤
其,小徑村現在明明是金門島上
幾條主要道路的交匯點,為什麼
不叫「大徑」呢?

古寧頭北山村入口處村牌

其實,二百多年前,小徑就名為「大徑」,是金門島上較早
開發的村落之一;鼎盛時期,全村有近千「口灶」,範圍東起
魯王墓、西至中蘭橋、北鄰　國父銅像,整個太武山南麓盡是
民宅;然而,為什麼隨著歲月的遞嬗,「大徑村」卻變成「小
徑村」呢?

民國八十年冬,有機會在小徑村,訪問到村中高齡九十四
歲,已當了太祖的居民——王金來老先生,說起「大徑變小徑」
的故事,王老先生不勝唏噓,搖頭嘆息不已!

或許,走過一個世紀歲月的王老先生,臉龐佈滿風霜鏤刻的
皺紋,特別是視力衰退,天寒怕冷,很少下床走動,但是,當他
燃起一根紙煙,卻立即神采飛揚,記憶猶新地娓娓道來,一切好
像昨天才發生似的,聽來令人彷彿走進時光隧道,置身於二百年
前的「大徑村」中……。

話說清高宗乾隆二十年間,大徑村的許氏人家,育有一對
女兒。大女兒出閣的時候,正門門楣上突然長出兩株靈芝,恰似
「靈芝獻瑞」,為婚事平添無限喜氣,全家大小興奮不已!但

古寧頭北山李光顯故居「提督衙」

是，所謂「內行人看門道，外行人看熱鬧」，看得懂門道的人，
私下認為大事不妙：「靈芝長在門外，尤其是枝葉向外，將來福
蔭不在許氏本家，將隨女兒出嫁至婿家！」

　　果然，許氏人家二個女兒先後出閣，分別嫁到古寧頭北山的
李家和金城的邱家。乾隆二十二年，嫁到古寧頭李家的大女兒，
回到大徑村娘家，生了一個男丁，取名李光顯；同樣地，十一年
後的乾隆三十三年，嫁到金城的二女兒，也同樣回到大徑娘家，
也生下一男丁，取名邱良功。而這兩個男丁，不是普通的凡夫俗
子，他倆緝捕海盜功業彪炳，都曾叱吒風雲，在金門歷史上留下
不朽的一頁！

　　先說李光顯，雖出生在大徑村母舅家，但成長在古寧頭村，
農忙時常下田幫忙耕種，也常下海捕魚或採蚵。因此，經常挑著
農畜產品或魚貝海鮮，到金城市街販售；當時，他的長兄李光輝

在縣城裡當兵，軍營就位於今金城莒光路和中興路交叉口的「陳氏家廟」前。

經常，李光顯把農產或海鮮賣完之後，便順道到軍營裡探望哥哥，久而久之，與軍營裡的士兵混得很熟，由於他長得碩健魁梧、孔武有力，軍營裡的兵士們常邀他比賽摔角，而每一次，李光顯都輕輕鬆鬆把對手摔倒在地，因身手不凡，「摔」遍整個軍營無敵手，消息傳進軍營長官的耳朵裡，特予召見鼓勵入伍。

於是，李光顯在二十二歲那年，毅然棄農從軍，正式和哥哥一起當兵吃糧，從最低階的水兵幹起。

因為，李光顯自幼在古寧頭海邊打滾討生活，懂得觀天象與計算潮汐，以及揚帆操舟之要領。當時，海盜猖獗，劫掠商旅，其中，以「漳州大盜」蔡牽及其黨羽最為囂張跋扈，橫行於閩、浙、粵海面劫船越貨，公然封鎖航道收取「出洋稅」，負責緝捕的官兵束手無策。

李光顯加入水兵行伍之後，經常自告奮勇操舟出海巡哨，屢建奇功，深獲長官及朝廷所器重，官職直線上升，嘉慶十六（西元一八一一年）年奉派出任浙江提督，五年後的嘉慶二十一年（西元一八一六年），又奉派出任廣東提督。

值得一書的是，李光顯在其三十四年軍旅生涯之中，曾駐紮過金門、澎湖、福建、浙江、廣東等東南海疆，參與揖捕海盜戰役無數，先後擒賊七百二十餘人，擄獲賊船四十五艘，功績卓著；更因李提督嫉惡如仇，且身手矯健，神勇無比，每次出海均擺出「一夫當關，萬夫莫敵」之勢，讓海盜聞風喪膽，因而海上舟楫順暢，商賈人人額手稱慶，時任兩廣總督阮元，還曾特頒「海邦著績」匾額，以表彰其功勳。

李光顯的故居，位於古寧頭北山村的入口處左側數十公尺處，係一幢「三進落」單脊燕尾的閩南傳統建築，是李光顯與其

兄李光輝及弟弟李光寬合力建造；由於李提督為官清廉，畢生所得不足蓋一幢官第豪宅，主要建材為花崗石與磚瓦，外觀至為樸實，與一般民宅並無差異，比較特別的是，其屋後立有花崗石鑴刻用以鎮煞的「泰山石敢當」五字，其造型與規模，堪稱全島最壯觀，引人矚目。

然而，因李光顯曾任廣東水師提督，所以，鄉人均稱李光顯的故居為「提督衙」；又因李提督功績卓著，死後獲朝廷誥贈為「振威將軍」，所以，也稱「振威第」；獲列為國家三級古蹟保護，成為島上重要旅遊景點之一。

所謂「無獨有偶！」比李光顯晚十一年出生的表弟邱良功，出生三十五天後，其父邱志仁便不幸與世長辭了，由寡母許氏獨力撫育成人。幼年時的邱良功，家貧生活困頓，母子相依為命，陶鑄成他克勤克儉，奮力向上的大無畏精神。

李光顯故居「提督衙」，亦稱「振威第」

李光顯故居屋後豎立的「泰山石敢當」

　　然而，邱良功自幼聰明機智、膽識過人，長大後追隨表哥
李光顯投身軍旅，由於驍勇善戰，鎮守閩、浙海域，從外委、把
總、千總、守備、游擊、參將、副將、總兵，曾多次追盜剿賊越
過台灣海峽，嘉慶十四年（西元一八○九年），獲朝廷拔擢晉升
為浙江提督。

　　根據金門縣史記載：嘉慶十四年八月，邱良功出洋圍剿「漳
州大盜」蔡牽，時值日暮黃昏，邱良功恐蔡牽趁夜幕低垂遁逃，
奮勇急攻，以自己所駕的快艇小船，逼近蔡牽綠桅大船，雙方陷
入生死纏鬥，當時颶風怒吼、濁浪排空，戰況慘烈，邱良功左股
遭賊刺傷，仍然負傷擂鼓，毫不退懼。

　　最後，蔡牽彈丸用盡，企圖撞船與追緝官兵同歸於盡，幸
隨後閩師王得祿率援軍趕到，適時加入圍攻，蔡牽彈盡援絕，眼
看即將束手就擒，只好破船自沉，橫行於閩、浙、粵三省水域近
二十年的盜匪，終告消滅；經此戰役，邱良功受封「三等男爵，

左：皇清晉封邱良功「三等男爵，照例承襲」
右：嘉慶廿四年頒贈「聖旨」

照例承襲」，也就是三代子孫可以繼承爵位。

邱良功獲朝廷封爵顯貴之後，因為人謙恭、為政清廉，尤其是事母至孝，仁宗皇帝知悉他的身世之後，為表彰其母守節撫孤教子有方，特於金門最繁華的街道，賜建「欽旌節孝」貞節牌坊一座。

「欽旌節孝」坊，位於今金城莒光路觀音亭旁，是目前台灣地區規模最大、且保存最完整的牌坊，也是金門唯一的「國家一級古蹟」，被譽為「台閩第一坊」，成為蒞金訪客必遊之處，也是金城鎮的文化地標。

綜觀整座牌坊，為四柱三間三層花崗石材結構，柱子底

位於金城莒光路的「欽旌節孝」坊

下分別有四對雄、雌石獅，牌坊頂端，則有「聖旨」牌與石獅，牌坊正面與背面，均鐫刻著表彰邱母節孝事蹟的楹聯。其中，以浙江定海總兵李光顯、與黃巖鎮總兵謝恩詔所拜贈：「三十五日遺孤，在昔身肩教養；二十八年苦節，於今澤沛雲礽」，短短二十四個字，彰顯邱母一生志節，教子有功，足可為鄉梓楷模，感人肺腑！

同時，仁宗皇帝也知聞邱家故居十分簡陋，另賜贈雕龍聖旨石二塊，高約六十公分、寬八十五公分，預備改建「爵府」擺置在府第門前。

　　邱良功的故居，位於今
金城浯江街二十七號，低矮且
狹小，既然「奉旨」要在原地
改建「爵府」，房屋格局當然
要放大，需要倍蓰的土地，於
是，籌建之初，邱家央人向四
鄰洽購房地，因為，邱提督為
人謙恭、為官清廉，且事母至
孝，為鄉里所景仰，許多鄰人
看在「邱大人」非常有誠意，
也沒有仗勢欺人，反而願以加
倍的銀兩，向鄰人商議購地，
因此，大部份的鄰居都十分配
合，紛紛將已有的房地出讓，
北起北帝廟，東到「叢青軒」

仁宗皇帝賜贈邱良功建「府爵」的二塊雕龍聖旨石

許獅的故居，也就是今「金門
鎮總兵署」、西至今中興路，
幾乎想買的房地都很順利買
下，只差其中一塊蔡姓人家的
宅地，約莫只有一個「欅頭」
大，卻一直不肯出售。邱提督
曾親自到蔡家拜訪商議，願以
白銀鋪滿那塊宅地商購，可
惜，仍未讓蔡姓鄰人動心，堅
持不肯出售宅地。

　　因為，拒售宅地的蔡姓人
家認為，邱良功顯貴之後，不

金城浯江街二十七號的邱良功故居

懂得念舊，想用錢把鄰人趕走，實在很不應該。而邱良功雖奉旨建「爵府」，也因此而作罷！仁宗皇帝所賜給邱良功的二塊彫龍「聖旨」，因「爵府」無法如願動工興建，未能派上用場，最後竟淪落當磚塊，默默砌在邱良功舊宅一口水井旁的牆壁上。

　　如今，歷經二百多個寒暑之後，金城浯江街每天人來人往，但門牌二十七號的邱良功舊宅，柴扉經常半掩，鮮少人知道屋內曾是功業彪炳、一代先賢「邱提督」的故居，蘊藏著一段流芳千古的故事。畢竟，除非是進門之後，才能看到默默鑲在右側牆角的二塊彫龍「聖旨」。

　　嘉慶二十一年秋天，邱良功進京晉見仁宗皇帝，返回任所途中病歿於揚州，仁宗特下詔遣使祭葬，棺木運回金門，多方尋覓，就是找不到合適的墓地，最後，風水師看中邱良功的出生地——大徑村舅家舊宅。那時，邱良功舅家香火中斷，房舍早已

邱良功墓園經「文建會」列為國家二級古蹟

邱良功墓園前的翁仲與石虎、石馬、石羊

傾圮殘破不堪，徵得母族同意，開始拆屋建塋，工人在拆屋時，發現屋脊中有二條紅蛇，一條剛死不久，另一條為拆屋工人所驚動，倉皇而逃，工人群起追擊，合力將紅蛇擊斃。

據傳說，當時，邱良功的表哥李光顯，正在廣東任提督，接到邱良功訃聞，突然吐血而死。因此，許多人都認為同任提督的一對表兄弟，均為紅蛇轉世，正因那二條紅蛇相繼死亡，兩位提督大人也相繼去世。至於事實真相是否如此，就不得而知了。

不過，習俗相延至今，金門民間仍不願嫁出去的女兒回娘家生產，這個忌諱，或許是緣起於此，應當是可以肯定的！

根據王金來老先生表示：邱良功棺木下葬之後，墓園建築歷經一年多才竣工，佔地廣闊，墓後山丘遍植樹木，墓碑前兩側豎立二行文、武石彫翁仲，以及石虎、石馬、石羊，彫工精細，唯妙唯肖，栩栩如生，墓園外圍兩側有巨型石碑亭台各一座，鑴書邱良功一生事績，墓前則有石彫拱門一座，氣宇軒昂，是目前金門地區保存最完整的古董，經「文建會」列為國家二級古蹟，是觀光客必遊的景點之一。

據說，邱良功曾頭戴金冠入殮，雖雇傭日夜看守墓園，但仍

成為盜賊覬覦的目標。王金來老先生表示，童年時的一個深夜，聽到屋外有不尋常的聲音，曾拿樓梯偷偷爬上屋頂，窺看竊賊盜墓的情形；後來，自己成年之後，也曾受僱看守墓園。

至於大徑村，是怎麼變小徑村呢？有好幾位上了年紀的小徑耆老表示，這和邱大人的風水有關。而王金來老先生的說法是，大徑村起初由劉、蘇、王、許等姓前來開墾，有所謂的「蘇厝宅，王厝田」，如今毗鄰的瓊林村「王厝田」仍在，而「蘇厝宅」呢？過去，大徑村算是一個大村莊，人丁旺盛，有近千「口灶」人家，否則，怎麼敢稱「大徑」呢？

但是，自從邱大人風水下葬之後，開始五穀欠收、人畜不安，年年飢荒，村民死的死，或向外遷移；據說，就是「邱良功」墳前那些神羊、神馬，常偷吃居民的青苗作物，才會五穀欠收；神虎噬傷人畜，才會人畜不安。

小徑村旁風景如畫的蘭湖水庫

小徑村軍方荒廢的「武威戲院」

　　因此，大徑村民紛紛結伴「落番」去南洋討生活，也有許多人從陳坑乘船搖櫓出海去澎湖，留下的房舍沒人管理，久而久之，為蔓草所掩蓋，僅存墓園後方幾十戶人家，「大徑」就是這樣變「小徑」的了！

　　民國三十八年，大陸風雲變色，國軍退守金門，小徑村成為陸軍野戰師師部所在地，設有戲院及「軍中樂園」，阿兵哥洽公或休憩，商店應運而生，陸陸續續遷來許多生意人家，小徑村又繁華起來，到處高樓林立，只可惜，曾幾何時，隨著兩岸關係逐漸和緩，國軍野戰師部裁撤，軍方經營的「武威戲院」成廢墟，專做阿兵哥生意的商家紛紛拉下鐵門，如今的小徑市街門可羅雀，只有邱良功古墓，被文建會列為國家二級古蹟，每天都有遊覽車載著兩岸的觀光客前來憑弔。

根據幾位小徑耆老表示，他們孩提時，魯王墓未整建前，附近還有許多殘破房舍，有些甚至正廳中樑仍在，而他們耕作的田地，磚塊瓦礫隨處可見，年輕時當自衛隊員時義務勞動參加開鑿蘭湖水庫，曾挖起不少房屋基石，可見以前小徑是個不小的村落，那是不爭的事實。

　　然而，大徑村沒落成小徑村，是天意？或是如傳說中因「邱大人風水」的影響，恐怕是永遠解不開的謎題，不過，這似乎是不重要了，重要的是屬於小徑的傳奇故事，將留傳後世，為代代金門人們所傳頌！

一九九〇年十二月六日原載「金門報導」
二〇〇九年五月十二日改寫於浯江副刊

陳景蘭建樓興學傳奇

　　金門，位於閩南沿海的蕞爾小島，古時候稱為浯洲、仙洲，或浯江、浯島，歸屬於福建省同安縣綏德鄉翔風里。

　　根據金門史籍《滄語瑣錄》記載：「朱子主邑簿，采風島上，以禮導民，浯既被化，因書院于燕南山，自後家弦戶誦，涵詠聖經，則風俗一丕變也。」

　　又根據金門縣志記載：宋朝紹興年間，進士朱熹擔任同安縣主簿，曾兩度「採風島上、以禮導民」，立書院於燕南山，設帳

金門古時候的地圖（翻攝自金門縣志）

榕園風景區內「慰廬」為西洪村遺址，係明朝國子監洪受的故居

講學，從此浯島人文薈萃，科甲冠冕十方，甚至留下「一榜五進士」、「八鯉渡江」、「父子進士」、「無地不開花」、「海濱鄒魯」，以及「人丁不滿百、京官三十六」等美譽。

事實上，金門雖是海中孤島，地瘠民貧，幸太武巨岩由對岸鴻漸山脈蜿蜒而來，尊嚴莊重，儼若仙人臥地，因而素有「仙山」的美讚。正因拜「仙山」鍾靈毓秀之賜，孕育英多，鄉賢「士多讀書取高第」，明、清兩代先後出了四十三位進士、與一百三十多位舉人，諸多在金鑾殿袍笏加身的鄉賢俊彥，先後都成了顯宦名儒，名垂千古。

同時，清朝乾隆皇曾十次對外出兵，均班奏回朝，八方番邦進貢、萬國來朝，大清帝國版圖遼闊，國力強盛到極點，造就了許多鄉籍武將，因而被譽為「九里三提督，百步一總兵」。

除此之外，「開台進士」鄭用錫是金門內洋人；連「開澎進士」蔡廷蘭也是金門瓊林人，在在說明金門雖是海中孤島，但因

「仙山」庇佑與受朱子教化，因而文、武人才輩出，是有事實作根據，絕非隨便說說而已！

　　從金門縣志「人物志」文舉、與武舉表列裡，可以清楚地發現在歷代科舉考場金榜題名的俊彥，分散在島上的各個村落，唯獨找不到濱海的陳坑人。

　　然而，五〇年代，金門教育未普及，絕大多數的孩子沒有機會讀書識字，但陳坑村卻出現一家三漁郎，變成「一門三博士」——政治學博士陳德禹、法學博士陳德昭和陳德新，在國內學術界頭角崢嶸，讓海、內外百萬金門鄉親與有榮焉，其意義非比尋常，背後藏著一段鮮為人知的故事。

陳坑村屋屋相連一景

陳坑是個漁村，出海口一景

話說金湖鎮的成功村，古時候稱「尚卿」，後來改稱「陳坑」；民國三十八年大陸風雲變色，國軍退守金門枕戈待旦，在島上實施「戰地政務」實驗，因當時砲彈威力較小，陳坑村距大陸最遠，又有太武山作屏障，最能躲避共軍砲彈轟擊，因此，國軍在那裡設「金門官兵休假中心」，並將「陳坑」改稱為「成功村」。

　　可是，一般人仍習慣稱「陳坑」，因為，一百多戶陳姓人家，居住在太武山南麓山陵間形成的山谷裡，屋宇就建在崎嶇的花崗岩上，全村幾乎找不到一塊可供作籃球場的平地，放眼村內屋屋相連、戶戶緊接，沒有晒穀場，十足的漁村風貌。

　　從前，村子裡的男丁下海撒網捕魚，婦女則在家裡補網、燒飯；幾百年來，男孩子七、八歲的時候，就被帶到船上，腰間綁條繩子，拴到船舷上，開始與大海搏鬥，和父、兄學習在波濤起落間隙討生活，代代衣缽相傳。

　　通常，打漁郎天未亮即出海撒網，近午時分捕魚上岸之後，不敢好好吃一頓午飯，立即挑著海鮮走過田間小路，一村挨過一村叫賣，任年華老去，無怨也無悔！

　　明、清兩代，許多金門人經科考封官加爵，光宗耀祖，唯獨濱海的陳坑人，沒有人能在朝廷謀得一官半職。反觀臨近的村落，北側小夏興，明洪武五年（西元一三七二年），陳顯在京試以禮經登魁，金鑾殿袍笏加身封官晉爵，先後奉派擔任汝州、隰州、德州等知縣。同樣的，瓊林村的蔡貴易、蔡守愚、蔡獻臣、蔡國光等等，都先後「中舉」在朝廷當大官，威赫不已！偏偏陳坑和瓊林兩村，曾因姻親糾紛發生械鬥，陳、蔡族人在「陳仔山」對過陣仗，雙方互有傷亡，二姓結為世仇，誓不通婚。

　　清光緒七年，也就是西元一八九一年，陳坑誕生了一位取名陳景蘭的男丁，他的出生地在成功村六十五號，就在「正義村公所」的左前方，也就是「金再興商店」正後方那幢老民宅。

認真說，陳景蘭出生之後，他比村中同齡的孩子幸運多了，因為，他有機會到後沙村親戚家讀私塾。所以，當他飽讀詩書之後，領悟到陳坑人一直不能出人頭地，個個都是打漁郎，最大的原因，在於孩子沒有機會讀書受教育。

也因此，每一次回到陳坑村，看到玩伴一個個搖櫓出海，無不感慨萬千；他常獨自跑到海邊，獨自坐在岸邊的岩石上，面對著浩瀚的大海遐思。畢竟，他雖有滿腹經綸，卻因「義和團」亂熾，八國聯軍出兵攻打北京，無法進京趕考為陳坑人揚眉吐氣，內心鬱卒不已。

因此，他打消「學而優則仕」的念頭，立志遠赴南洋求發展，誓言要賺很多的錢，再回到家鄉蓋學校，希望聘請最好的老師，讓陳坑村的孩子，能夠有機會書讀識字，將來才有機會出人頭地。

於是，陳景蘭在廿歲的那年，拎著小包袱孤篷萬里征，搭船經廈門「落番」下南洋，經過一個多月的海上航行，輾轉停靠十三個碼頭，終於到了人生地不熟的英國殖民地──新加坡。

幸好，因曾讀書識字，不必當苦力像「豬仔」被僱主賣來賣去。他先在一家叫「金福和」的貿易行，找到一份管帳的差事，自個兒在生活方面儘量節衣縮食，所賺的錢涓滴匯聚結存，並開始用心精研生意竅門，探討生財之道，希望有朝一日能賺大錢，衣錦還鄉實現蓋學校的夢想！

經過幾年的努力與省吃節用，陳景蘭有了一筆小積蓄，決定自立門戶開設小店，由小本生意做起；果然，再經過十多年努力，靠著念茲在茲、鍥而不捨的打拚，汗水終於沒有白流，他的「小」買賣生意，已搖身一變成「大」貿易公司，並兼營輪船運輸業務，手頭已有一筆積蓄，為了實現回饋桑梓的願望，他專程搭船返回故鄉陳坑村，進行買地籌建洋樓、興辦學校事宜。

陳景蘭帶著事先委託洋人設計好的大樓藍圖，千里迢迢從新加坡回到陳坑村，卻因村內屋屋相連、戶戶緊接，能蓋房子的宅地實在不多，尋來覓去，就是找不到一塊可蓋一幢大樓的土地；最後，相中村郊東南邊的大山溝，那是整個陵地雨水匯聚的出海口，也是太武山花崗岩延伸入海的末稍，放眼盡是亂石壘壘與斷崖峭壁，這樣的地理環境要建造大樓，除了平添工程上的困難，也將更耗費金錢。

　　根據陳坑耆老——也是陳景蘭的姪兒陳水澤和陳火貴兩昆仲，指著神龕上陳景蘭的遺像表示：雖然，當初找不到適合的平地「蓋大樓」，但為了實現「辦學校」的決心，陳景蘭將山溝附近的土地，以及下方延伸至海濱的農地統統買下，並從廈門請來廿幾個建築師傅、和八十幾個小工。大師傅包括土水師、木匠和石匠，每天工資是一元二角銀圓，小工是七角銀圓；從民國六年動工，每天一百多個人進行整地、填土、打樁，所有的杉木、磚瓦，完全由大陸內地進口，三支桅的帆船經常停靠在岸邊；白灰則在金門當地由蚵殼燒煉，水泥則遠從荷蘭進口。

民國五十二年時的景蘭大樓（正氣中華報社資料檔）

左：大樓取名為「景蘭山莊」
右：大樓前方公園一景

　　大樓興工期間，曾遭逢強烈颱風肆虐，狂風暴雨讓土方塌陷、基石流失，但是，構工的師傅們仍克服困難，歷經四年餘，佔地廣闊的「景蘭山莊」大樓，終於在民國十年落成了。一幢美輪美奐的羅馬式建築，包括樓前下方的公園、花榭、亭台，皆可說完全是用銀圓堆砌而成；更重要的是，那是陳景蘭的夢想，用信心、決心和毅力打造而成！

　　所謂「南洋錢，唐山福！」金門島上原有的房子，普遍是紅磚屋瓦的閩南式傳統建築，所有的西式洋樓，皆是衣錦還鄉「番客」的血汗結晶。然而，論規模，放眼金門全島，恐怕找不到第二幢大樓可相比擬，既使以今天的經濟條件，要建這麼一幢高樓和公園，也要超級大手筆才能做到；論格局，帶有歐洲風味的西洋建築，就以大樓四面「五腳基」外廊，樑柱及拱門都用磚塊疊砌，其造型之力學結構，就令人驚嘆不已！

　　大樓落成之後，陳景蘭親自取名為「景蘭山莊」，並在右後方側門牆壁上親筆書寫著：「民國十年，余望後輩當念建業艱

左：景蘭山莊陽台
右：大樓落成陳景蘭親筆寫下：「余望後輩當念建業艱難。」

難，蘭書」用以感昭鄉籍子弟奮勵向學，好好的讀書，將來才有機會出人頭地。

　　根據成功村陳清木老先生表示：「陳景蘭為了實現興學的諾言，成立『尚卿小學』之後，特以高薪從廈門鼓浪嶼將最有名的老師都請來了，以陳文溫當校長，老師包括曾任同安縣長的陳天奉，完全免費供陳坑的孩子讀書，真正的『有教無類』。由於想讀書的孩子太多，教室不夠用，還借用附近的宗祠上課，一時之間，整個漁村書聲朗朗，弦歌不輟。」

　　陳清木老先生還進一步表示：「今天成功村『一門三博士』的父親陳維藩，就是當年的高材生，知書達禮，倘若當年陳維藩沒有書讀，同樣上船搖櫓當打漁郎，今天他的三個公子是『一門三博士』？抑或是『一門三漁郎』？答案恐怕是後者。」

　　金門四面環海，也是個僑鄉，海盜出沒無常，常常摸黑上岸打家劫舍，多金的「番客」，更是土匪眼中的肥羊。當然，陳景蘭有錢蓋大樓，自是不能例外；尤其，以當時的情況而言，他應

是全島屈指數一數二的有錢人，早已令賊頭們垂涎不已！白天，海盜常派出「探子」，打扮成各種小販，有賣荔枝、收破布的；有算命卜卦、走江湖雜耍打拳賣膏藥的，林林總總，不一而足，紛紛前來投石問路、打探虛實；夜間，海盜賊船更常聲東擊西，不斷製造機會挑釁騷擾。

　　幸好，陳景蘭早在海邊的高地建有槍樓，扼控整個陳坑海面的動靜，並僱用十多名村中壯丁，輪流值更守夜巡邏，令海盜始終無法逾雷池一步。數十年後的今天，成功村許多上了年紀的阿婆，仍記憶猶新，津津樂道當年丈夫值更守夜巡邏，在家裡為他們煮宵夜的情景。

　　據陳水澤老先生的回憶：「民國廿六年農曆九月二十三日晚上，日本鬼子攻佔金門，村中壯丁們紛紛『走日本』下南洋，鬼子們接管大樓之後，當做警察大隊部，三不五時就有車輛和駿馬

陳景蘭大樓全貌

出入，門禁非常森嚴，至於他們在大樓裡幹什麼，就只有他們自己知道了！」

　　民國三十四年八月，日本人戰敗投降後撤離，陳氏族裔接管「景蘭山莊」大樓，村民進行整修，希望恢復當作學校，讓村中的孩子有讀書識字的地方。

　　可惜，好景不長，民國三十八年大陸風雲變色，國軍退守金門，自舟山群島撤退來金的醫療部隊，先駐紮在陳坑村救護「古寧頭戰役」傷兵，將大樓當成野戰醫院，終日傷兵進進出出，一直到尚義「五三醫院」落成啟用，大樓才結束當作軍醫院。

　　民國四十三年九月三日傍晚，對岸共軍砲兵突然向金門城區砲擊，金門中學羅莎、劉照和孫效鵬三位教師不幸中彈身亡，因此，高中部和初中部近千名師生，舉校遷避陳坑，借用「景蘭山莊」大樓為校本部和學生宿舍。

左：陳景蘭構建防禦海盜的「尚卿槍樓」
右：九三砲戰金門中學三名老師殉難，近千師生避難
　　「景蘭山莊」上課

金防部構建的「官兵休假中心」

　　另外，金防部調派兵工支援，在大樓左側加蓋「覺民堂」
一座，做為師生集會和用餐的場所；金門島上四面八方的學子聚
集陳坑村，讓「景蘭山莊」變成金門最高學府，直到民國四十七
年「八二三砲戰」爆發後，學生註冊前夕被緊急通知前往碼頭集
合，全校師生遷避台灣，分配至全台所有省立中學借讀，包括偏
遠的花蓮和屏東，每校大約十餘人。

　　金門中學師生舉校遷台避難後，「景蘭山莊」大樓並未閒
置。當時，金門駐防十萬大軍枕戈待旦，「金門防衛司令部」立
即將大樓規劃成立「官兵休假中心」，在樓前下方的公園內增闢
一座自由女神塑像，取名為「金湯公園」，周邊也大興土木，增
蓋多幢房舍和康樂活動場所，提供戰地官兵休閒渡假，每週開辦
一期，每期一百多人，讓有功官兵暫時離開緊張的軍營戰鬥生
活，享受豐盛的餐飲與娛樂設施，每晚亦可在康樂廳觀賞台北院
線首輪電影，以調劑身心，

　　尤其，每年寒、暑假期間，島上官兵停止休假，金防部改

「官兵休假中心」放映台北首開電影的康樂廳

辦「金門戰鬥營」，全國菁英學子聚集大樓。也因此，附近商家應運而生，商店櫛比鱗次，當時，為防止暴露目標，島上實施燈火管制，然而，成功村卻是夜夜燈火通明，成了島上唯一的「不夜城」。

民國八十一年「戰地政務」終止實驗，金門結束軍管，恢復民主憲政常態，並隨著台、金空中交通開放民航班機，兩岸緊張關係逐步和緩，有功官兵大都返台休假，「官兵休假中心」的大樓及房舍，才又回到陳坑人的懷抱！

陳景蘭先生出生在一八九一年，不幸在六十二歲那年辭世，所生的四個兒子國銘、國鈞、國炎和國禎，均旅居新加坡作古。據陳水澤和陳火貴老先生表示，陳景蘭生前曾立遺囑，言明「景蘭山莊」大樓及公園不能變賣，將留給陳坑陳氏子孫共同享用！

雖然，民國八十一年金門結束軍管，「景蘭山莊」大樓終於又回到陳坑人的懷抱，然而，大樓已歷經五十餘載歲月風霜侵蝕，顯得老態龍鍾，卻又不幸「屋漏偏逢連夜雨」，曾於民國

金防部構建的「金湯公園」自由女神塑像

六十五年冬，大樓二樓東南屋角，遭對岸「單打雙不打」的宣傳砲彈擊中，雖經修補，但因荒廢乏人管理，樑柱與磚瓦際縫，被鳥榕萌芽生根盤據，短短幾年間枝繁葉茂，讓大樓隨時有傾圮之虞，因而被迫關閉圍牆外的大門，拉起「警戒線」，並貼上「訪客止步」的告示牌。因此，庭前蔓草雜生，訪客只能佇立樓前，悵然面對「登樓遠眺天空海闊，遊目騁懷心曠神怡」的楹聯！

　　想當年，陳景蘭建樓的目的，只是希望提供陳坑的孩子讀書識字，誰知，後來大樓曾淪入日寇之手，也曾是國軍醫院，更曾是金門最高的學府，以及台灣無數青年學子及有功官兵休憩地，讓「陳景蘭大樓」更增添歷史價值！

　　尤其，金湯公園林蔭蔽天，蟬聲鳥鳴、濤聲迴盪，是絕佳幽

左：民國八十年金防部「官兵休假中心」撤離，大樓漸荒廢　右：大樓漸荒廢一景

靜的天然美景，並俱備獨特的僑鄉文化，在金門島上堪稱絕無僅有，確實是「觀光立縣，文化金門」的大賣點！

　　幸好，經過正義里里長陳國強的奔走，曾多次前往廈門大學，拜訪剛從教授退休的陳景蘭後裔陳鼎新，獲同意把「景蘭山莊」使用權交給金門地方政府二十年，供整修成為紀念館；並經金湖鎮代會副主席翁伸金等人的積極奔走爭取經費，民國九十四年終獲內政部「城鄉新風貌計畫」分兩年補助八千萬元，金門縣政府也編列配合款三千萬元，總工程費達一億一千多萬元進行整修，並順利完成發包，同年十一月十五日正式動工整修，成為金門地區單一建物修繕，政府作最大手筆的投資。

　　經過三年多的施工，於民國九十七年秋竣工，「陳景蘭洋

整修後嶄新的陳景蘭洋樓

樓」全貌煥然一新，重現往日風華。金門縣政府擇定八月二十二日、也就是「八二三砲戰」五十週年紀念日前夕舉辦啟用典禮，象徵告別無情的戰爭歲月，大樓從此浴火重生。

　　「雕樓玉砌應猶在，只是朱顏改」，歷經八十載春秋歲月的「景蘭山莊」，飽嚐風雨與戰火的蹂躪，終於又重現往日風華，「陳景蘭洋樓」啟用典禮，是由金門縣長李炷烽、副縣長楊忠全、鎮長李成義、里長陳國強及陳景蘭的後裔共同主持揭幕，並

金門縣政府斥資一億餘元動工整建　陳景蘭洋樓重建落成揭牌啟用
（翻攝自景蘭大樓簡介）

左：「八二三砲戰」五十週年前夕舉行大樓重建落成啟用典禮
右：縣長、副縣長、鎮長、里長與陳景蘭後裔一同揭牌

　　在各界貴賓共同見證下重新啟用，冀望藉以保存僑鄉文化，厚植
地區觀光資源；更重要的是，「陳景蘭洋樓」重現往日風華，將
可弘揚旅外鄉僑回饋桑梓、崇德報本的精神，為歷史作見證！

　　　　　　　　　一九九一年四月六日原載「金門報導」
　　　　　　　　　二〇〇九年五月十五日改寫於浯江副刊

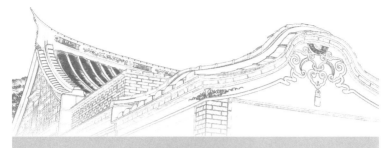

開科第一
陳顯傳奇

一個金門人可能沒聽過，或不曾去過的地方

一個誕生國家金牌教練的小村莊

一個一代偉人經國先生曾駐足的地方

一個金門先賢傳奇人物陳顯的故居

　　金門縣由大金門、小金門等十餘個島嶼組成，總面積一百五十平方公里，其中，大金門本島的面積只有一百三十四平方公里，形狀乍看仿若運動的啞鈴，而且，東半島有太武山，西半島則多丘陵地，形成兩端碩大、中間狹窄；而最狹窄的地方，東起成功與夏興之間，西到中蘭與瓊林一帶，全長約莫二公里。特別是金門北岸自瓊林、后沙起，迤邐至古寧頭一帶，都為平坦沙灘，沿岸礁石不多，是船舶理想登陸搶灘的地點。

　　民國三十八年元月，「徐蚌會戰」國軍潰敗，共軍順利越過長江之後，一路勢如破竹「解放」江南各省。同年十月廿五日深夜，九千餘共軍分乘百餘艘漁船或舢舨，分別由蓮河、大嶝、后村等地出發；大型機帆船船首堆著防禦沙包，搭載半個連的武裝兵力，小舢舨則船首架著機槍，三、五人一組划水前進，企圖藉著夜幕掩護強行登陸金門島，殲滅國軍殘餘部隊，目標就瞄準島上地形最窄的中蘭、瓊林地帶，準備將金門切割成兩半，再分兵

兩路南、北進擊，一路北攻太武山，控制東半島；另一路南下縣城，一舉「解放」金門。

據說，共軍進攻金門的當天傍晚，部隊集結出征前，每個士兵口袋分配兩把花生米，指揮官遙望隔海對岸的金門太武山，信心滿滿向士兵宣布：

——明天清晨，我們在太武山上集合吃早餐！

豈料，當夜東北季風突然轉強，走在前面的領機帆船順風而下，逐漸偏離目標航道，押船的共軍頭頭見狀氣急敗壞，揚起鞭子抽打臨時徵集而來的船伕，不知是把他打傷或打死，指揮船失去控制，被強風吹向南邊的古寧頭和安岐一帶，因此，後面的兵船也跟著隨波逐流。

恰巧，戍守古寧頭的國軍部隊，是八年對日抗戰自動請纓「一寸山河一寸血、十萬青年十萬軍」的青年軍二〇一師部隊，其中裝備和戰力最強的六〇一、六〇二兩個團，擔任瓊林至后沙、壟口、湖尾、古寧頭一帶海岸防務。因此，共軍強行登陸時，在海灘遭青年軍迎頭痛擊，天亮之後，從東半島陽翟趕來的坦克車，加入掃蕩流竄的共軍，隨後，從台灣起飛的噴射軍刀機臨空轟炸，投下汽油燃燒彈，把擱在海灘的共軍運兵船燒燬，總計登陸共軍被俘七千餘人，其餘被殲滅在灘頭與岸際。

經過「古寧頭大捷」之後，一路吃敗仗的國軍部隊，終於穩住陣腳，扭轉頹敗局勢，才得重新整軍經武，在復興基地開創「台灣經濟奇蹟」，否則，中國近代史可能全面改寫！

所以，就戰略地位而言，金門島上最狹窄的地方，形勢險要，乃兵家必爭之地。同樣的，就島上交通樞紐而言，往來東西半島，也必需經過此段狹窄的地區。諸如，從東半島有「金門西門町」之稱的新市街，到西半島首善之區的金城市街，自古以來

就有二條捷徑：其一、是沿著海線經后園和夏興；其二、是依著太武山麓經　國父銅像。

然而，由於經銅像所在的太武山路段，靠近「金門防衛司令部」所在地，屬軍事要塞戒備森嚴，早期是嚴格實施管制，不可自由通行，近年來雖開放，但夜間仍架設「拒馬」管制阻絕；因此，一般人通常習慣於走后園經夏興段，可惜該路段不但既彎、且狹、又多坡，足以媲美台灣北宜公路的九彎十八拐。

近些年來，島上車輛急驟增加，經后園和夏興的這一段路，除了是連絡新市和金城二大市鎮間的主要交通幹道，更是機場、碼頭客貨吞吐必經之路，每日往來車輛川流不息，所謂

成功通往夏興的斜坡

「行車、走馬三分險」，由於路況不佳，這些年來，平添無數輪下冤魂，甚且，早些年連能橫衝直撞的軍方坦克車，也曾在后園彎處翻覆爆炸起火，可見走在這條路上，若是一步不留神，恐怕真的會「一失足成千古恨」！

說到路彎多坡，夏興和成功間的徒坡，算是島上最險峻的了。因為，上坡車無不老遠就得加足馬力向上衝，而下坡車則務必緊踩剎車，握穩方向盤，小心翼翼地讓車子平穩地滑下斜坡，因而每一個路過的駕駛人，任誰都不會多費心神，去留意斜坡北側半山腰間，尚有幾戶人家和一幢宗祠。

尤其，那幾間紅磚古厝，無論架構和格局，和島上的傳統

閩南建築，並沒有什麼不一樣。但是，有誰知道這個叫「小夏興」，僅有幾戶人家的小村落，已屹立在那裡超過六百年以上的歷史哩！

其實，「小夏興」村子雖小，卻是源遠流長，地靈人傑、震古鑠今，不僅是明朝金門先賢傳奇人物陳顯的故居，故總統　經國先生也多次在那裡駐足。值得一提的是，這個並不起眼的小村子，前些年更誕生國家舉重金牌教練陳嘯虎，他的子弟兵經常出國比賽，屢為國家、為金門爭取莫大的榮譽；真箇「小夏興出大人物」，值得千古傳頌！

話說「小夏興」，位於夏興西南方一百公尺處，隱在舊軍營樹叢的山凹間，若非仔細去尋找，實在很難發現樹叢後面還別有洞天！

當地的居民，稱夏興為「大社」，叫小夏興為「小社」。其實，夏興古時候稱作「下坑」，和隔著一條山溝的「陳坑」相鄰而立；而「小夏興」古時則稱作「轎裡」，顧名思義，想必是和轎子脫離不了關係，事實也正是如此。

據夏興的耆宿表示，夏興和小夏興的陳氏先民，本係同源，均是六百多年前由河南省遷徙而來，在那裡開山闢地，築屋而居。由於位處花崗岩的太武山南麓，盡是崎嶇的山陵地，根本沒有綠野平疇可耕作，更鑿不出水井灌溉。

所幸，「靠山吃山，靠海吃海」，由於小夏興濱臨大海，且是一個不錯的深水港口，居民大都當起「行船郎」，有的跑東洋日本、有的跑上海、有的跑天津，每當輪船靠岸，便帶來許多旅客，因而岸邊備有許多轎子，專作疏運旅客，久而久之，就成了轎子的招呼站，因而得名。

民國三十八年國軍退守金門之後，夏興成為軍事重要駐地，阿兵哥消費帶動商機，靠駐軍消費的商店應運而生，鋼筋水泥

小夏興「陳氏家廟」雕樑畫棟，景緻金碧輝煌、氣宇軒昂

小夏興「陳氏家廟」正堂全景

陳氏宗祠正廳「開科第一」進士匾　　清雍正皇表彰陳顯堅定志節，特追諡「志鏗金石」匾額

　　的樓房取代紅磚瓦屋，原有古樸鄉村風貌逐漸消失；而「小夏興」原有一些傾圮的房舍，被劃入軍區鐵絲網裡，埋入蔓草之中不復見，碩果僅存的幾間磚瓦房和一幢宗祠，歷盡歲月風霜的浸蝕，顯得老態龍鍾，但仍保持閩南傳統建築的采韻，令人發思古之幽情。

　　而唯一的一座宗祠，陳氏子孫於民國六十二年斥資整修後，經過了廿七個寒暑，雕樑畫棟鮮麗的油漆早已褪色斑剝，正門的一副對聯也模糊得無法辨識，只有左右兩側窗櫺上「左昭」、「右穆」四字依舊清晰可見。因而於民國八十八年，陳氏族裔再重新翻修，如今，宗祠重現雕樑畫棟，景緻金碧輝煌，美輪美奐。

　　很榮幸，我們獲得出生於夏興，平日勤於讀書，熱衷地方文史研究、寫作，目前擔任國小校長的陳為學先生引導，有機會走進小夏興的陳氏宗祠參觀。首先，映入眼簾的，是正廳的上方懸掛著一塊藍底金字的「進士」匾額，下沿則寫著「開科第一」的紅底金字。同時，正廳裡面，則懸掛著一塊綠底金字「志鏗金石」的匾額，兩塊匾額顏色鮮艷，顯得耀眼奪目。

　　根據陳為學校長的解說：六百多年前，明太祖洪武五年，小夏興人陳顯（字希文，榜名顯，號南海），在京試以禮經登魁，

是明代金門殿試中舉的第一人，因係明朝開辦之首科，因而有
「開科第一」之稱。陳顯在金鑾殿袍笏加身，先後奉派擔任汝州
（今河南臨汝縣）、隰州（今山西隰縣）、德州（今山東德縣）
等地三任知州，相當於現在的縣長。

　　後來，朝廷見陳顯精明幹練、為官清廉，乃將其調入京城。
明成祖為燕王時，非常賞識陳顯的才能，特任為掌書記，大概相
當於今天的主任祕書或祕書長之類的官位，其倚重可見一斑！

　　陳顯與燕王朝夕相處，深知他生性多疑、心存不軌謀反篡
位，幾次利用博棋對奕的機會，曾多次暗示和進諫，但並不能改
變燕王心態，因此，陳顯假藉身體有病，辭官歸隱故里，回到小
夏興，過著閒雲野鶴的平民百姓生活。

　　不久，燕王如願篡位成功，是為明成祖，改年號為永樂，
特下詔遣使，希望為陳顯封官加爵，可是，陳顯認為既已辭官歸
隱，豈能再貪圖榮華富貴。因此，當差使到達金門小夏興時，陳
顯沐浴更衣，拜接「聖旨」之後，當夜便吞鋈自殺身亡。

　　陳校長特別強調，坊間另有一種傳說，謂當差使到達金門小
夏興時，陳顯沐浴更衣，拜接「聖旨」之後，當夜便吞「金」自
殺身亡。這種說法，顯然是同音之誤。因為，陳顯雖貴為五品知
州，但為官清廉，不貪圖錢財，陳夫人常慨嘆先生生前雖貴為州
官，但家中卻一貧如洗，因此，不可能有金飾，而且，吞下金飾
也不會立即死亡。再者，「鋈」者，乃孔雀血也，是一種含有劇
毒的金屬元素，誤食會致命。

　　清雍正年間，為表彰陳顯堅定不移的志節，特下聖旨追諡
「志鏗金石」的匾額。據說，整座宗祠裡，小鳥高興飛到哪裡，
就飛到哪裡，但就不敢飛到聖旨匾額上，倘若有哪隻不知死活的
鳥兒飛上去，準速地墜落而死。

　　據說：陳顯死後，墓地擇定夏興東南方村郊，棺木出殯之

日，隊伍在嗩吶哀淒聲中緩緩前進，快到預定安葬地時，突然刮起一陣強風，將孝男手中的幡旗高高吹起，朝著后園村南方的海濱飛去，眾人皆看傻了眼，只有風水師拚命的追，終於，幡旗在海邊的一塊巨石旁落下，風水師端詳了半天，突然驚聲喊道：

> ——這是蟹窩吉地，莫非是陳顯自己顯靈找的好地方，比起先前掘好的墓地，風水好得太多了，因為，以幡旗降落點為基準，「進前三宰相，退後萬人丁」。

這個時候，出殯隊伍也趕來了，風水師將實情稟報陳夫人，但見陳夫人沉思半晌之後說：

> ——三宰相雖是一時權貴，但遲早成過眼雲煙，陳顯貴為五品州官，家中還不是一貧如洗，倒不如萬人丁來得久遠！

因此，陳夫人特囑意風水師，墓地儘量往後退，子孫寧可不出三宰相，但希望瓜瓞綿延，擁有萬人丁（另有一說是：萬「年」丁）。

陳顯墓地，風水師認定是「蟹窩吉地——進前三宰相，退後萬人丁」

左：陳顯棺木入穴剎那，忽兒晴空雷響，墓後巨石從中龜裂十公分縫隙，長出馬鬃
　　狀雜草
右：陳顯墓碑上的「南海夜臺」四字

　　因此，風水師遵照夫人的指示，退後點了穴，而陳夫人猶恐
風水師有違原意，又再命風水師多往後退一步，當棺木下葬入穴
之剎那，忽然，晴空霹靂，轟隆一聲巨雷，墓穴後方的巨石，從
中龜裂一條約莫十公分的縫隙，眾人皆看傻眼，風水師見狀臉色
大變，連聲直嘆：

　　　　——可惜蟹窩已破，雖有萬人丁，但都將向外遷移！

　　歷史的腳步未曾稍歇，如今，六百多個寒暑過去了，陳顯一
生傳奇的故事，依舊為島上老一輩的人們所傳頌，后園南邊海濱
陳顯墓地後方的巨石，凸出地面的部份，至少有五百平方公尺，
呈橢圓形，確實有一道很深的裂縫，貫穿全石，一分為二，縫中
芒草叢生如馬鬃狀，但巨石是否真為陳顯下葬時，遭雷擊所裂，
就不得考稽了。

　　可是，令人不解的是，那麼大的一塊完整的巨石，從正中
央分裂成兩半，那是千真萬確的事實，宇宙之間，除了雷電和神
力，還有什麼力量，可以使其分裂成兩半？

陳顯之墓，前有墓桌、墓埕，建於明永樂元年（西元一四〇三年），位於金湖鎮后園村南方三百公尺處的海濱，坐北朝南，面向料羅灣浩瀚的大海，視野極為遼闊，墓碑上則刻著「南海夜臺」四個篆字；南海，為陳顯的名號，「夜台」，即是墓穴。

民國八十八年初，陳顯的古墓，被列為縣定古蹟。而墓後二百公尺處，還有一塊如蟹的巨石，其後裔將蟹石當成「墓道碑」，碑額刻著「有明」兩字，其下刻有：「奉直大夫三任知州南海陳公墓道」二行直書，兩旁還刻有：「公諱顯，別號南海，洪武開科經魁，太宗為燕王時，廉其才，辟掌書記，嘗乘弈時諷諫，旋以病告歸，靖難初，遣使召公，義不就，夜具衣冠再拜而死。雍正年特旨建祠崇祀，春秋致祭，永以為例，文林郎鎮遠知縣曾孫陳勒石。」

針對子孫有「萬人丁」之說，陳校長表示：每年清明節祭祖活動，從世界各地回來的族裔，有五、六百人之多，節前還得特

每年清明節有眾多旅外族裔返鄉掃墓，特開闢墓園步道

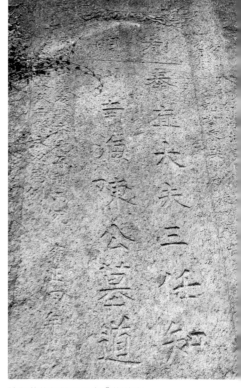

別僱工「打草」，先清理墓道的雜草，印證「雖有萬人丁，但都向外遷移」，此言不虛！

事實上，所謂的「雖有萬人丁，但都向外遷移」之說，確有幾個活生生的案例可考，諸如現今的山外、東洲、高坑等村陳氏人家，經查證都源自夏興，其它分至澎湖、台灣、大陸或南洋地區，更是多不勝數。

比較具體的有：民國七十八年，時任立法委員的陳癸淼，曾回到金門小夏興宗祠尋根，從澎湖帶來的祖譜，和小夏興宗祠內記載的核對「昭穆輩序」完全相符。據稱，他的先祖是從小夏興

陳顯墓後如蟹巨石當「墓道碑」，刻有「奉直大夫三任知州南海陳公墓道」二行直書

遷出，先到小徑，再去澎湖，後追隨鄭成功去了澎湖和台灣，他們家族取名皆依「反清復明」的口號依序論輩分。

此外，前台灣省立台北師範學院院長陳鏡潭，也曾於任內專程回到小夏興宗祠尋根，同樣核對祖譜無誤，他的祖先是從小夏興去了內地大陸，再由大陸遷台，實是小夏興陳顯的後代子孫，屬於外移的「萬人丁」之一！

如今，歷經戰亂，小夏興部份民宅毀於砲火，部份則被劃入軍區，僅存的七、八間古厝，只有四戶有人居住，這四戶總人口數是六人，而這六個人加起來超過四百歲。坡上的第一間房子，即是國家舉重金牌教練陳嘯虎的誕生地，多年前也全家遷居山外村，第二間便是宗祠，已於民國八十八年翻修，雕樑畫棟，金

碧輝煌，氣宇軒昂，美輪美奐，只有中間那幢，二位老夫婦依舊
孜孜勤儉，晨昏作息，養雞餵鴨，當年經國先生任行政院長時，
曾探望過他們，與全家大小在院子裡合影，雖然，偉人已逝，照
片中那群天真無邪的孩童，早已長大成人遠走他鄉升學就業，但
是，經國先生的笑容慈暉，依舊普照大廳！

　　金門民間有「第一住居，第二風水」的傳說，小夏興陳顯
的後代子孫，確實有萬人丁，而且不乏才子俊彥，他們分居海內
外，究竟這是大時代環境的使然，或是六百年前風水師一語成
籤，相信這是永遠解不開的謎題！

　　小夏興確實很小，幾幢古樸有緻的房舍，源遠流長，震古
鑠今，為金門史篇留下光輝燦爛的一頁，不管歲月更迭，年華老
去，屬於小夏興的故事，將永遠為人們所傳頌！

一九九〇年十二月六日原載「金門報導」
二〇〇九年元月廿五日改寫於浯江副刊

左：「墓道碑」兩旁還刻有陳顯生平略傳
右：經國先生親民愛民，曾駐足小夏興與陳書存家人合影

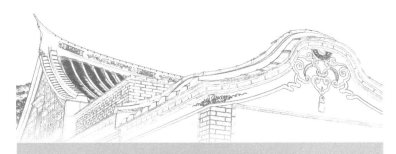

抗日英雄黃世澤
諜報工作話當年

在金門島的西北角，有一個超過千年歷史的古樸聚落——西園村。

一般而言，在人們的印象裡，西園村是一個產鹽的地方；因為，村中擁有一座建於元代的鹽田，迄今已有七百多年的歷史；只要走近村口，迎面映入眼簾裡的，就是一座顯眼的「西園鹽場」拱門，和一片波光粼粼的鹽田。

雖然，鹽田已荒廢十多年了，但是，一坎坎的鹽田，宛如一片片明鏡平鋪大地，映著金龜山與紅磚瓦厝的倒影，以及藍天朵朵白雲，饒富詩情畫意，令人易發思古之幽情！

風獅爺鎮守的「西園鹽場」拱門

有七百年歷史的「西園鹽場」，已停產荒廢十餘年了

　　根據史籍記載：金門「西園鹽場」建於元朝大德元年（西元一二九六年），歷經明、清兩代皇朝，均為官府設場徵鹽的地方。所生產的白鹽，不僅供島上居民所需，亦藉雙桅帆船輸往大陸內地，可以說是金門早期重要的經濟命脈。

　　民國三十八年大陸風雲變色，國軍退守金門之後，島上戍守十萬大軍枕戈待旦，鑑於軍、民日常生活需鹽孔急，若悉數由台灣運補進口，不但費時費事，且萬一海上航運遭敵人封鎖，恐有斷炊之虞，因此，黨政軍一元化領導下的「戰地政務委員會」，決定動用「金防部」兵工力量，重新整修西園鹽田，並斥資鋪設鐵道，用板車運鹽，冀望擴大產鹽規模，讓島上出現第一條鐵道，也開創金門製鹽新里程碑！

　　然而，隨著大環境的變遷，金、廈兩岸人民在隔絕五十年之後，藉著「小三通」重新開啟交流活動，島上駐軍逐年精減，「西園鹽場」生產的食鹽過剩，外銷又無競爭力，產鹽逐漸失去經濟價值，已歸屬金門縣政府列為營利事業單位的「鹽場」，不堪年年虧損，被迫於民國八十四年七月一日停止生產，產鹽設施及運鹽鐵道乏人管理，經長期風吹、日曬、雨淋已鏽蝕殆盡，鹽田風光與板車滿載白鹽上岸的畫面，只能留待追憶！

民國五十二年西園鹽場盛產情形
（正氣中華報檔案照片）

西園鹽場盛產的食鹽用鐵道板車載運
（正氣中華報檔案照片）

　　其實，西園村除了有一座七百年歷史悠久的鹽場，在村郊西側的海邊，還有一座「抗日紀念碑」，也與「西園鹽場」有密不可分的關係，甚而蘊藏著一段英烈悲壯、可歌可泣的故事。

　　當我們來到西園村郊西側海濱，路旁有一座金碧輝煌的「烈士園」牌樓，兩旁石柱寫著「齊心協力創新園、懷念烈士永長存」的楹聯；穿過拱門，沿著石板路前行，大約五十公尺處的海邊，有一座「西園抗日紀念碑」矗立在扶疏的花木之中，基座四方黑色的大理石上，分別鏤刻著「抗日烈士英雄事略」、「抗日烈士芳名錄」、「抗日紀念碑籌建委員」，及「浩氣長存」四字；佇立在碑前憑弔，緬懷烈士為抵禦外侮保社稷，奮勇鋤奸除惡，卻不幸慘遭殺害的際遇，不由得肅然起敬！

　　「西園抗日烈士英雄事略」碑文寫著：

　　　　金門人不可不知金門事，「君自故鄉來，應知故鄉事，
　　　　來日倚窗前，寒梅著花未？」而我們既身為西園人，實亦
　　　　不可不知西園事。

西園海濱「烈士園」牌樓　　　　　　　　「西園抗日紀念碑」全景

　　民國廿六年蘆溝橋事起，拾月，日寇陷金門鐵蹄肆虐，欺壓蹂躪。廿七年五月，我抗日義士在南安組成「復土救鄉團」，受福建省調查室節制，參加者多為金門人，有黃世澤、黃情鎮、黃玉斗、黃東海、葉神比等，皆屬熱血青年，深明民族大義，禦外侮保社稷，當仁不讓，視死如歸，奮勇鋤奸，冒險犯難，參與諜報工作，經歷許多可歌可泣，英烈悲壯事蹟，同志犧牲，親友死難，無辜同胞受殃及，或奉祀忠烈、榮獲褒揚；或難予稽考，湮沒無聞，全部是應當受到尊崇的「烈士英雄」。

　　復土救鄉團，於廿八年四月曾襲擊官澳城角日寇駐紮海軍陸戰隊營部，當場擊斃十六人；廿九年二月及七月先後夜擊沙美偽區公所，與瓊林偽派出所，繼於三十一年五月再受命潛返西園，逮捕看守鹽場日籍技師三名，斯時，日軍認以西園鄉親內串勾通嫌疑，株連百數十人，最為慘烈，至廈門日軍最高司令部偵詢酷刑，並於七月間將涉嫌有罪證者黃東海、黃水萍、黃文愨、陳九映等四員押返西園鄉位於西江海灘斬首。

　　民國三十四年秋，日本宣佈無條件投降，閩南工作處，指派黃世澤返金宣達日本投降命令，受到圍觀民眾熱忱歡迎，十月四日，福建省保安縱隊第九團上校團長朱鏡波接受日軍廈門海軍部隊駐軍派遣中尉嘉籐行雄率部舉行受降儀式。

　　彼等為保家衛國，伸正義，獻心力，甚而犧牲寶貴生命，且不論成功或成仁，生時義烈，死後寂寂，荒草小徑，空對斜陽，良可傷痛，立碑為祀，一則可將湮沒史實傳諸後世，二則可告慰烈士們在天之靈，使死義者瞑目，倖存者無憾，誠乃刻不容緩。今碑成謹述其事略。

　　　　　　　　　　　　西園籌建委員會　敬撰
　　　　　　　　中華民國八十六年歲次丁丑年梅月吉日

　　屈指一算，民國廿六年日軍侵華，迄今已歷經七十個寒暑了；因此，名列「西園抗日紀念碑」的黃世澤、黃情鎮、黃玉斗、黃東海、葉神比等抗日英雄，當年都是熱血青年，不顧自身安危加入「復土救鄉團」，參與諜報工作鋤除日寇，如果今天還健在，應都是百歲的人瑞了！

　　當然，所謂「人生七十古來稀！」自盤古開天以來，沒有人能躲過生死輪迴，多少乘鳳輦龍車、坐金鑾寶殿的天子王侯；多少財通四海，功業彪炳的達官貴人，都先後在時光的洪流中化作飛灰煙滅，因此，當年「西園抗日英雄」，即使能逃過日軍的緝捕追殺，恐怕也難逃無情歲月的摧殘與折磨。所以，如今想聽聽抗日英雄現身細訴殺敵的驚險事蹟，機會想必十分渺茫！

　　然而，非常慶幸的是，當年加入「復土救鄉團」，實際參與抗日行動，擔任諜報工作，其中重要成員之一的黃世澤老先生，

抗日紀念碑「烈士英雄事略」　　　抗日紀念碑「烈士芳名錄」

　　至今仍健在，依舊住在西園村內，距「抗日紀念碑」約莫一百公
尺處，足為抗日歷史作見證！

　　經服務於「金門環保局」的西園村民黃木林先生熱心指引帶
路，筆者順利拜訪到目前唯一倖存的「抗日英雄」──黃世澤老
先生。雖然，黃老先生已年高八十七歲，臉龐鑠滿歲月的風霜，
但仍耳聰目明，特別是回憶起當年加入「復土救鄉團」抗日往
事，依然神采奕奕、手足舞蹈，一切宛如是昨天才發生似的！

　　黃世澤老先生回憶說：民國二十六年七月，日軍藉「蘆溝
橋事件」大舉侵華，九月初即有日本軍艦在金門海域活動；十月
中旬，日寇軍艦更直接駛入金門城與水頭塔山岸邊，並放下小艇
環島觀察偵測；由於相傳日本軍在占領區內，大肆燒殺擄掠、姦
淫婦女，因此，金門島上居民非常驚恐，為躲避日軍蹂躪，掀起
「走日本」的風潮，許多比較有錢的鄉親，紛紛舉家渡海逃往大
陸內地，或輾轉搭船「落番」下南洋。

　　同年十月廿五日，機腹貼著紅色「太陽旗」標識的日寇軍機，
從清晨到傍晚一直在金門上空盤旋，撒下許多中文傳單，昭告金門
百姓遇到「皇軍」，只要雙腳合併站著，不會受到傷害云云。

　　果然，廿六日清晨，日軍先以大砲轟擊示威；天亮之後，
軍艦兵分三路從水頭、金門城和古崗登陸；日軍上岸之後，並未
燒殺擄掠。據傳說：日軍每攻佔一個地方，軍刀要殺人見血「祭

旗」，所以，日軍攻上水頭之後，遇到一個啞巴到戶外上茅坑，日軍喝令問話，看他咿咿呀呀說不出口，立即揮動武士刀，可憐的啞巴成為刀下亡魂，一命嗚呼！（根據金門縣志記載：日軍約二千人，兵分三路登陸金門之後，經金門城殺居民洪水俊、經古崗村殺居民董陣、經泗湖村殺一個女婢。）

雖然，日軍是在金門西半島搶灘登陸，但是，消息很快傳遍東半島，居民驚恐萬分，紛紛搭船逃到大嶝或廈門避難。

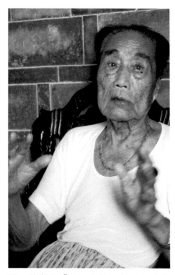

唯一倖存的「抗日英雄」黃世澤老先生回憶參與「復土救鄉團」的神情

黃世澤老先生回憶說：當時，他只有十五歲，因週歲時父親即在新加坡病逝，由其祖母和母親撫育成長，家中只有他這麼一個男丁延續香火，因此，看到日本人來了，老祖母深怕孫兒被日本鬼子抓去當軍伕，喊著：

——憨孫仔，日本仔來了，要保命快逃呀！

於是，黃世澤拎著簡單的包袱，趁著夜暮低垂跑到村郊的西江海墘，搭上小舢舨到對岸的蓮河。住了幾天之後，因金門鄉親大部份逃到大嶝島，有人在那裡成立「復土救鄉團」，準備結合志同道合的金門青年，一起從事抗日活動，黃世澤知道這個訊息之後，立即報名加入組織、接受訓練。

只是，就在這個當兒，家裡也傳來消息，指稱日軍並沒有隨便抓人、殺人，看到小孩還會分送糖果，最壞的是「腳踏馬屎傍

金門西園與大嶝、小嶝只有一水之隔

官氣」，那些吃日本「頭路」的漢奸，常仗勢凌人、欺壓同胞，所以，人身安全暫無顧忌，可以回家團聚。於是，應祖母的要求，黃世澤便收拾行囊，偷偷地搭船回到西園村。

　　話說民國二十六年十月廿六日，金門被日軍攻佔之後，諸多逃往對岸的有志之士，如張西湖、王觀漁、趙有源、蕭克善、王精美、蔡乘源、張榮強、楊培祥、蔡蔭棠、王安克、胡燦英、許順煌、何克熙、何水托、黃東海、黃神比、黃世澤、黃情鎮、黃玉斗、楊清務、王興漢、陳金漢等四十餘人，不甘忍受日寇鐵蹄的蹂躪，在金門對岸的大嶝島上成立「復土救鄉團」，並結合當地青年，共同接受「福建省政府調查室」調派節制，積極展開抗日行動。

　　民國二十八年四月二十日傍晚，「金門復土救鄉團」接獲代號──「殺鬼行動」的指令，準備夜襲駐紮金門官澳城角日寇海軍陸戰隊營部；四十餘名「復土救鄉團」突擊隊員集合完畢之後，隊長許鐵堅宣布夜襲密語口令：喊「殺呀！」──是進攻；喊「衝呀！」──是撤退。隨後，分乘四艘小木船划槳摸黑出發。

由於正值春、夏交替時節，海上大霧茫茫，能見度很低，大伙兒憑經驗和感覺划槳前進；午夜時分，突擊隊員摸上官澳村灘頭，這時，島上內應帶路的同志也加入行列，大家依分配任務迅速展開行動，有人立即剪斷日軍通訊電話線、有人在通往沙美的路上安裝阻絕「路銃」、也有人爬上高處觀測瞭望。

大伙兒在夜霧掩護下，兩名突擊隊員已悄悄摸到日軍營房衛哨門前，不一會兒的工夫，突擊隊員手起刀落，日本衛哨兵連哀一聲都來不及，頭顱便已被利刃砍下。

緊接著，「復土救鄉團」突擊隊員分別踹開日軍二間寢室大門，各先扔進手榴彈，酣睡中的日本鬼子，在轟然巨響聲中，若非血肉橫飛，就是垂死掙扎痛苦哀嚎；就在這個當兒，說時遲、那時快，突擊隊員趕緊一個個衝進去，對垂死掙扎的日本鬼子各補上一槍，將他們一一送上西天！

槍聲歇息之後，突擊隊員清點戰場，發現兩間寢室共有十五具日本鬼子的屍體，加上先前被砍下頭顱的哨兵，總計殲滅日本海軍陸戰隊十六人，擄獲機槍二挺、步槍十餘支、以及鋼盔、子彈等戰利品一百多件。

也許爆炸聲和密集槍聲震動金門夜空，不遠處沙美方向的道路上，已出現日軍卡車疾駛而來的燈光，「衝呀！衝呀！」隊長趕緊下令撤退；臨走前，突擊隊員再揮大刀，砍下一個首級鬼子的頭顱，連同戰利品一齊帶走。

「復土救鄉團」突擊隊帶著兩個日軍頭顱和戰利品撤退到海灘船邊，清點人數時，才發現還少了鄭良、陳章區兩員。隊長又下令大家分頭尋找，可惜大霧茫茫，四野不見他倆芳蹤，眼看著日本鬼子追兵已到，亂槍向海域掃射，只好忍痛啟錨回航；「復土救鄉團」突擊隊砍下的兩顆日寇頭顱，被帶到泉州懸掛在石井汽車站電線杆上示眾多日，鼓舞民心士氣。

黃世澤老先生特別強調：「金門復土救鄉團」突擊官澳城角日軍營部，地點就是現在「馬山觀測站」的地方，日軍配備有一門火砲和機槍，也有一艘砲艇，更有強力的探照燈，嚴密控制著海面；當天他本人是在金門，所分配的任務是內應帶路與切斷日軍通訊電話線，並未實際動手參與痛宰日寇。而兩名因濃霧迷途的突擊隊員，在進退失據的情況下，緊急躲進墓穴與草叢。

　　此後一連多日，日軍展開全島大搜捕，其中，陳姓隊員藏身官澳村旁的「南安社」（現已廢村），獲村民黃玉斗暗中接濟，直到翌年五月，利用一個濃霧，且順風、順潮的夜晚，協助以門板為舟、傘為帆，由今山西水庫海岸摸黑入海，順著潮水漂流出海，最後很幸運被漁民救起，撿回一命；而另一位鄭姓突擊隊員，則沒有那麼幸運；雖然，也獲官澳村民張雲夫婦掩護藏匿，但因日軍查緝風聲日緊，轉而躲藏到後水頭甘蔗園內一處簡陋土寮，卻不幸遭黃姓漢奸告密，連同張雲夫婦，一起被日軍逮捕殺害滅屍。

　　「金門復土救鄉團」是一個抗日組織，也是諜報組織，屬「國民政府軍事委員會調查統計局」戴笠的下線。由於成功突擊

「復土救鄉團」夜襲金門官澳日寇海軍戰隊營部，即位於今「馬山觀測站」

官澳一役，消息傳遍廈門、晉江、南安、同安和泉州等閩南地區，民眾額手稱慶、爭相走告；未淪陷地區報刊均大篇幅報導，南洋地區新加坡、馬來西亞、印尼與菲律賓等地的報紙，也相續轉載，「金門復土救鄉團」聲名大噪，不但加入組織成員愈來愈多，且旅外華僑聲援與金錢贊助，也日漸增加，聲勢愈來愈大，讓日本鬼子膽顫心驚！

　　黃世澤老先生繼續回憶說：隔年的二月五日，「金門復土救鄉團」再度夜襲沙美偽區公所，原本係要活捉偽警察科長郎壽臣，但由於郎壽臣身體肥胖，且魁梧有力，突擊隊員成功登上沙美偽區公所的二樓之後，郎壽臣尚未就寢，驚覺異狀準備逃跑，突擊隊員飛撲過去，雙方經過激烈的格鬥，最後郎壽臣寡不敵眾，且被突擊隊員以匕首刺傷，才順利被綑綁押走，然因一路上拚命掙扎，以致失血過多，途中斃命。不過，也有一說，郎壽臣並非日本人，而是大陸內地人，「復土救鄉團」綁他，是要他「窩裡反」，幫忙抗日工作。

　　同樣的，民國三十年七月，「金門復土救鄉團」又夜襲瓊林偽日本警察派出所，準備捉拿夜宿民宅的金門籍許姓主管，惜因當晚該名主管回金城參加宴會未歸。

　　隔天一早，日寇大隊人馬包圍日警宿舍，並展開全村大搜蒐，嚇壞瓊林村民。所謂「既入寶山，焉能空手而回？」突擊隊員未能抓到日警

「金門復土救鄉團」夜襲沙美偽區公所之「番仔樓」

主管，在「無魚，蝦也好」的情況下，順手擄走一名金門山后籍
的王姓警員，直到抗戰勝利才獲釋放回金門。

　　日本鬼子自民國二十六年十月佔領金門之後，即看上「西園
鹽場」得天獨厚的曬鹽條件，於是，隔年即著手重建鹽田，準備
擴大曬鹽面積，特地從台灣調派來三名製鹽技師，其中，一名是
日本人、二名是台灣人，進行規劃開闢二十三付「鹽坵」，每付
四坎；水門一開，引進海水由上而下曝曬，由淡而濃一貫作業，
總面積達二十一萬三千餘平方公尺，每年可產優質食鹽二百餘萬
公斤，作為供應日軍戰備需求。

　　當時，日本鬼子佔據金門，國軍對淪陷區實施經濟封鎖，僑
匯也完全中斷，原本靠外匯過生活的家庭陷入困境，三餐無以為
計；加諸日本鬼子強迫居民種鴉片，且久旱不雨，蕃薯、雜糧欠
收，島上居民無以為生。

日據時代日本駐瓊林警察所

「金門復土救鄉團」夜襲瓊林日警宿舍

　　因參加鹽坵構工，每天可領二十兩白米，後來改為每天工資三元六角，以紙條蓋章代替，全島可通行易貨，因此，不僅很多金門鄉親擠破頭爭著參加鹽坵構工，甚至連「廈門工」也一早就前來排隊。

　　鹽場新建工程完工之後，日本技師就住在鹽場辦事處，更因日本技師經常虐待鹽工，讓大家恨得牙癢癢的。

　　民國三十三年五月十日，也是一個大霧瀰漫的夜晚，「復土救鄉團」突擊隊員，再次分乘三艘小艇，摸黑在西園村南側中甲海灘上岸，一舉擄走三名製鹽技師，帶回到大陸內地。根據金門縣志記載，三名日本製鹽技師，被「復土救鄉團」志士綁回內地斬首示眾，黃世澤老先生則表示，事件發生當晚，任務完成之後，天就快亮了，他知道事態嚴重，日本鬼子一定會展開報復，因而趕緊與黃清鎮、葉神比、黃玉斗、王興漢等人一起逃到對

岸，並未聽聞三名日本製鹽技師遭斬首示眾，因為他們不是武裝軍人，其中還有兩名台灣人，猜想不會遭到殺頭的命運。

　　鹽場三名日本技師遭「復土救鄉團」擄走之後，日軍認為是「內神通外鬼！」隔天，日本憲兵即到西園村內抓人，全村男女老少總共被抓走兩百餘人，用船載到時已淪陷的廈門「虎頭山」日軍司令部基地，受盡各種嚴刑或拷打逼供。

　　提起日寇嚴刑逼供，黃世澤老先生激動地說：他的姊姊與姊夫，就曾遭受日軍多次殘酷毒打和灌水逼供，更被毫無人性地放狼犬咬得傷痕累累；正因日軍採嚴刑逼供，部份人禁不起拷問供出案情。其中，黃文懸、黃水萍、黃東海和陳文映四人曾參與「復土救鄉團」組織，被日本鬼子從廈門「虎頭山」押回西園村，五花大綁在村郊西側海灘斬首。

「復土救鄉團」在西園鹽場辦公處擄走三名製鹽技師

　　除此之外，包括在廈門「虎頭山」禁不起嚴刑酷打死亡，或身受內傷、外傷，因而引發疾病或併發症陸續死亡的西園村民，共計二十四人，名字就刻在「西園抗日紀念碑」上。

　　民國三十四年八月六日和九日，美軍分別在日本廣島和長崎投下原子彈，迫使日皇在八月十五日宣布無條件投降，結束八年對外侵略行為，「中國戰區」於九月九日在南京接受日本投降之後，福建省「閩南工作處」指派黃世澤返金宣達日本投降命令，回到設於今金門高中的「金門行政公署」門前，受到民眾熱烈歡迎，金門正式結束日寇八年蹂躪的噩夢，南洋「僑匯」又源源不斷挹注僑眷家庭，島上漸漸恢復昔日平靜的生活！

　　歲月悠悠，對日抗戰已屆滿一甲子，如今，曾經歷那段艱苦歲月的人，很多已不在人間，當年金門抗日為國捐軀的烈士，其中許順煌、許水龍、洪水尚、洪水枝、洪培育、陳前琪、吳水派、李文秀、陳榮、陳欽瑞、李炎佳及王精英等已入祀太武山忠烈祠，讓後人能追懷與效法烈士犧牲奉獻的精神。

　　雖然，多位西園村民參與「復土救鄉團」，也為抗日保家衛國，伸正義，獻心力，甚而犧牲寶貴生命，卻未能入祀忠烈祠，幸經地方人士奔走，獲金門縣政府和金沙鎮公所高度重視，才於民國八十六年，擇定於黃文愍等四烈士遭日寇殺害的西江海灘建立紀念碑，冀望能讓史實傳諸後世，並告慰烈士們在天之靈，使死義者瞑目，倖存者無憾！

　　所謂「戰爭無情，生命無價！」在這一場對日抗戰之中，華夏子民慘遭日寇蹂躪，財產損失難以估計，甚至，許多寶貴的生命，在無情的砲火下淪為冤魂，家破人亡、流離失所。

　　如今，對日抗戰已歷經一甲子歲月，當年，西園村曾參加「復土救鄉團」從事抗日工作的唯一倖存者——黃世澤老先生，已高齡八十七歲，臉龐鏤滿歲月的風霜，幸好仍耳聰目

明，回憶起當年抗日往事，依然神采奕奕、手足舞蹈，只是，兒孫為了生活遠離家鄉赴台謀生，老夫婦居住在四合院舊宅，晚年生活頗為落寞，談起每年的「七七抗戰」紀念日，地區各界首長依例會公祭烈士，但對於一個曾出生入死的老人，目前只靠每月一萬四千元的「榮民安養金」過生活，難怪訪談的最後，一代的「抗日英雄」，激動的眼眶裡，仍不時閃爍著感慨的淚光，令人不勝噓唏！

寫於二〇〇七年七月

抗日英雄孤獨的住在「福星拱照」的四合院裡

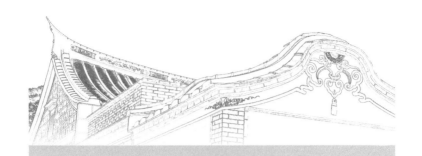

金門第一才子許獬

取天下第一等名位，不若幹天下第一等事業；
幹天下第一等事業，不若做天下第一等人品。

金門，古稱浯江，太武巨岩由對岸鴻漸山蜿蜒而來，儼若仙人臥地，亦稱「仙洲」，唐貞元年間，陳淵開疆牧馬，以啟山林，歷經朱子教化，島上文風鼎盛，科甲連登，明、清兩代先後出了四十三位進士、與一百三十多位舉人，然在歷代鄉賢之中，其故事與傳說在民間流傳最多，當屬明萬曆年間「會元傳臚」的許獬了。

小時候，就曾聽過不識字的老祖母，靠代代口耳相傳，講述「狀元阮毋知，會元荷包內」、與「天下第一勢，許獬進士頭」的故事；同時，唸小學和國中時，也常聽老師講「文章許鍾斗，品德黃逸叟」的故事，以及許多有關許獬的有趣傳說。

只是，當時聽傳奇故事，似囫圇吞棗，並未能領略其中涵意，但腦海裡充滿著無限的憧憬！及長，有機會接觸到金門史籍

「會元館」正門　　　　　　　后湖村「會元館」前走道

上：「會元館」內門書寫「金馬玉堂會元傳臚」

左：「會元館」前景

右：「會元館」正廳

　　書冊，才更深一層認識被尊稱為「金門第一才子」的鄉賢許獬，其「文章垂世，孝友傳家」的事蹟與種種傳說。

　　　許獬出生於明朝隆慶四年（西元一五七○年），卒於明萬曆三十四年（西元一六○六年），離開人世已超過四百年了，諸多的傳說在金、泉兩岸流傳，版本雜沓，甚且部份情節明顯有穿鑿附會之嫌，如今著手寫此文，確已無法直接訪問、考證，只能參考其著作、史籍資料與相關報導。

許獬童年讀書的「叢青軒」

　　因此，本文將有許多人云亦云的情節，畢竟，歷史真相只有一個，不容竄改或捏造，然而，避免以訛傳訛，且讓故事更通俗，讀起來更舒暢，應是筆者需要加倍努力的地方。

　　根據金門史籍記載：許獬，原名行周，字子遜，號鍾斗，明朝泉州金門后湖人。自幼天資聰穎，喜歡讀書，能過目不忘成誦，九歲時即能寫文章，且常有精闢的宏論。

　　由於許獬的祖父許開，飽讀詩書，尤善古文詩詞，著有《滄南集》；其父許振之，亦曾是鄉試中舉的「解元」，及名列「會試」的副榜，因此，許獬可說是出生在書香門第的家庭，從小就受到良好的教育。

　　相傳有一天，許獬家裡來了訪客，與其父許振之談論《左傳》書中某段情節，雖然，許獬只是十來歲的孩子，依偎在父親身旁，也能參與討論，並可輕鬆說出書中情節之淵源，展現博學強記的功力，令訪客驚羨不已，「神童」之名傳遍四方。

許獬墓碑（翻攝自會元館）

許獬的墓道碑　　　　　　二〇〇七年許獬墓道碑重修誌

　　十三歲時，許獬便開始研讀經史，大抵都能融會貫通。所謂「經史」，即十三經：詩、書、易、三禮（周禮、儀禮、禮記）、春秋三傳（左傳、公羊傳、穀梁傳）、論語、孟子、孝經、爾雅；與二十五史：史記、漢書、後漢書、三國志、晉書、宋書、梁書、陳書、魏書、南齊書、周書、南史、北史、隋書、舊唐書、新唐書、舊五代史、新五代史、宋史、遼史、金史、元史、新元史、明史、清史稿等。

　　據說，許獬的父親是個讀書人，雖在鄉試中舉，但在會試只能名列副榜，所以，孩子出生後特別寄予厚望，取名為「行周」，意在仿效唐代大文豪──「首閩進士」歐陽行周，希望成長之後，是一個飽學儒士，在殿試金榜題名，以光耀門楣。

　　後來，許獬曾夢見在殿試榮登金榜，袍笏加身躋進士林，但因目睹官場爾虞我詐，權利傾軋為達目的，手段每每無所不用其極；而他知道有一種叫做「獬」的獨角獸，有分辨是非與善惡

許獬墓道牌坊

的能力，見到有人為非作歹，就會用獨角抵觸教訓他，因而把自
己的名字「行周」，改為「獬」，就是希望將來科考「中舉」之
後，能為公理正義而努力。

　　事實上，觀諸許獬流傳於世的自勵名言：「取天下第一等名
位，不若幹天下第一等事業；幹天下第一等事業，不若做天下第
一等人品」，即能管窺他小小的年紀即知書達理，體認讀書的目
的，不是為求高官厚祿，而是立下「幹天下第一等事業和做天下
第一等人品」的宏願。同時，亦能印證他改名為「獬」，即展現
恢宏的氣度，和高尚的品格。

　　果然，許獬廿七歲在鄉試「中舉」，四年後的明萬曆二十九
年，也就是三十一歲那年，在會試榮獲第一名（會元），同年，
也在殿試勇奪二甲第一名（傳臚），獲授任「庶吉士」職務。不
久之後，由於才學俱優，即獲擢升為「翰林院編修文林郎」，更
因許獬學問淵博，文章自成一格，每有新作面世，大家爭著抄
傳、海內傳誦，獲尊稱為「許同安先生」或「許會元」。

　　只是，許獬在翰林院才二年的光景，身體健康就亮紅燈，曾

自言：「至今精氣俱耗，頂髮盡脫」。因當時醫藥不發達，若不慎染病上身，治癒的機會很渺茫。何況，許獬自認精氣俱耗，連頭上的毛髮都掉光了，顯然病情已相當嚴重。於是，以生病為由辭官歸隱。

因為，許獬為官清廉，不貪錢、不斂財，仕途生涯僅有積蓄白銀數十兩，但回到故鄉金門之後，將銀兩均分與親人，自己依舊兩袖清風，安貧樂道。

許獬辭官回歸平民身分，仍秉持急公好義的本性，見鄰里有不平者，亦挺身代陳書狀，然不幸於明萬曆三十四年六月（西元一六〇六年）病情惡化辭世，得年三十有七。與其元配同葬於金城鎮山前村後石獅山旁，墓道碑則立於賢庵國小左後方的路旁，碑文為：「皇明　萬曆辛丑科會元授翰林院編修文林郎鍾斗許公墓道」。

許獬自幼知書達禮，秉持讀書人應有的風範，立下「幹天下第一等事業和做天下第一等人品」的宏願，不僅為官清廉，在個人家庭生活方面，亦恪守超高的道德準則。據傳說，昔日農業社會，盛行指腹為婚或約定婚事；許獬在年少時，亦定聘顏家少女為妻，然鄉試中舉之後，夫人顏氏得病雙目失明，其岳父同意讓他休妻另娶，然許獬始終不離不棄，且呵護有加，類似情形在當時官場之中，算是少見的箇中異數。

由於許獬博學才高，科考過程文章成就、與平時妙言對句，在民間廣為流傳、家戶喻曉，被譽為「金門第一才子」。著有《許鍾斗文集》、《叢青軒集》、《四書闡旨合喙鳴》、《四書崇熹註解》、《叢青軒易解》、《存笥稿》等書。

也許，許獬的著作並非最多，但他僅得年三十七，能有那些作品傳世，且多為正己範俗的精闢宏論，因而有「文章許鍾斗，品德黃逸叟」之美譽，這是金門之光，更是后湖許氏之光。

清乾隆年間，許獬獲以鄉賢
的身分，與宋朝的丘葵、明朝的黃
偉、蔡復一、林釬、盧若騰等入祀
金門朱子祠，讓典範永垂鄉里。而
且，民國六十五年，金門後湖許氏
族裔宗老許金龍先生，發起籌建
「會元紀念館」，獲得村民熱烈響
應，爭相捐地或出錢、出力，於民
國七十年順利落成奠安，係一幢二
樓建築，一樓為「會元館」，主祀

許獬諸多著作之一
（翻攝自會元館）

許獬塑像，大門楹聯為「會機弘道
昭仁義、元德型方法聖賢」；二樓
前廳為「鍾斗書室」，擺置相關書
籍以鼓勵後學，後廳則供奉后湖許
氏祖先神主牌位，門前有一片廣

「會元館」正廳懸掛「文章泰
斗」匾額

場，聯外門柱楹聯為「存忠孝心，行仁義事」，彰顯許獬「文章
垂世、孝友傳家」的精神，供後人景仰與學習。

　　當然，許獬被譽為「金門第一才子」，正因他自幼天資聰穎
機敏，調皮詼諧，傳奇故事多不勝數，茲舉例十則如下：

其一、面對縣令，理直氣壯

　　話說許獬童年時期，有一年城隍爺生日，許獬的娘身體不
適，吩咐他先到街上買五尺布，再買些供品到城隍廟拜拜；許獬
照著娘的吩咐來到城隍廟前，抬頭望見臨街學堂前，有一尊「至
聖先師」孔子的塑像，心想自己算是讀書人，見孔子公豈能不
拜？但供品只有一份，於是，決定用布先蒙住城隍爺的眼睛，把
供品祭拜孔子之後，再祭拜城隍爺。

正當許獬虔誠跪拜孔子之時，恰巧縣令也來城隍廟，一見城隍爺被蒙住雙眼，大聲喝斥：

——哪個刁民，竟敢戲弄神靈！

許獬連忙上前解釋：

——實因一份供品，難酬二神之恩，請縣太爺海涵。

縣令猜想眼前的孩童是許獬，久聞其「神童」之名，想試試其功力：

——我出個對子，如你能對出下聯，就原諒你。

許獬點了點頭，睜大眼睛聆聽縣令出題。
縣令沉思半晌之後，終於開口：

——白布蒙城隍，欺神敬孔子。

許獬聽後，立即對出：

——陽傘遮日頭，瞞天剝百姓。

縣令聽了，氣得差點昏倒，但許獬畢竟是個孩童，且對仗工整，無可挑剔。

不久，縣令大隊人馬出巡，百姓紛紛避讓，許獬卻故意從儀仗中穿過，並拍手嬉笑，遭衙役追捕逮住，縣令從轎中探頭，一眼認出又是人小鬼大的許獬，舊羞新惱一起湧上心頭：

——今天再出個對子，如果對不上，就把你關起來。

縣令搖頭晃腦吟道：

——虎下平陽，豬逃狗走羊起耳。

許獅聽出以豬、狗鄙視百姓，即刻以牙還牙：

　　——龍過大海，魚竄蝦跳龜伸頭。

縣令雖氣得幾欲吐血，卻無話可說，只好再次放人。

其二：兩次隨堂考，都得一百分

　　根據后湖「會元紀念館」壁上的簡報資料顯示，許獅求學讀書時期，有一天，在課堂裡，私塾老師正準備提筆寫字，忽然從東邊的窗戶吹進一陣風，把講台上的紙吹落在地上。

　　老師一面俯身用手撿拾掉在地上的紙張，嘴裡一面嘀咕著：

　　——正襟危坐，瞧！東風累得老夫彎腰。

　　課堂裡，一群正搖頭晃腦唸著「之乎也者」的學童們，見狀忍不住哈哈大笑。

　　老師撿起地上的紙張後，靈機一動，決定來一次機會教育和隨堂考試：

　　——剛才我出了上聯，誰能對出下聯？

　　學生們馬上收斂笑聲，噤若寒蟬面面相覷，只有許獅舉手起立：

　　——搖頭晃腦，看！西席嚇得小子噤聲。

　　許獅小小的年紀，展現超人的機智，對仗工整，連老師也佩服不已。

　　另外：相傳有一天，私塾老師想再試試許獅的才智，相偕街坊出遊，來到一家打鐵店前，老師即景出了上聯：

　　——鐵錘本屬鐵，鐵砧也屬鐵，打鐵鐵敲鐵。

許獬環顧四周，看見附近有一家五金百貨店，門前懸掛鱟桸，靈機一動即時回答：

——鱟肉本是鱟，鱟桸也屬鱟，煮鱟鱟畏鱟。

許獬以鱟對鐵，對仗完整，老師聽後頻頻點頭讚許。連續兩次隨堂考試，都給了一百分。

許獬幼年讀書的地方，名為「叢青軒」，位於金城鎮北門里浯江街，即今「清金門鎮總兵署」，是一幢四進兩廊式的四合院建築，庭院內逾百齡古榕綠蔭蔽天，前面有寬闊的廣場，被稱為「衙門口」。清康熙年間，金門鎮總兵陳龍，將總兵署從金門城遷至後浦「叢青軒」辦公，此後三百多年，成為金門最高行政機關所在地，民國成立，先後做為縣公署、金門防衛司令部、福建省政府、金門戰地政務委員會、縣諮詢代表會及警察局等辦公處所，列為三級古蹟，現經整修為參觀景點。

「叢青軒」是一幢四進兩廊式的四合院建築

「叢青軒」於清康熙年間起被當作「清金門鎮總兵署」

其三：一夜趕寫九十九篇文章

相傳有一次，許獬的父親將
出遠門，擔心兒子沉迷嬉戲，將荒
廢課業，所以，臨行前把他叫到跟
前，告誡一番：

「叢青軒」內百齡榕樹濃蔭蔽天

> ——為父將出遠門，你每日
> 得寫一篇文章，不得短
> 少，否則，等我回來
> 時，將重重處罰。

豈料，所謂「言者諄諄，聽者藐藐」，待許父踏出家門，許
獬正像飛出籠中的鳥兒，一溜煙便不見人影，忘卻每天要寫作業
之事，村前、屋後，甚至是田野、海邊，都可看見許獬與玩伴嬉
戲歡笑的身影，儘管許母一再叮嚀，要他記得父親規定要寫的功
課。可是，每次許獬均敷衍應付：

> ——沒問題啦，那是小事一樁！

歡樂的時光，仿佛是長了翅膀似的，一晃眼的工夫，已是許
父出外第九十九天，當天傍晚，許獬從門外嬉戲回家，許母和往
常一樣，一邊在廚房做飯，一邊嘮叨責問：

> ——明天，你爹就要回來了，功課都沒有做，看你怎麼辦？

許獬屈指一算，趕緊衝進書房振筆直書，一篇又一篇，忘卻
饑腸轆轆，縱然許母再三催促吃晚飯，許獬猶充耳不聞，手中之
筆寫個不停，最後，竟累倒趴在桌上呼呼大睡。

隔日早上，許父回到家裡，搖醒仍在酣睡的許獬，仔細清點

書桌上已寫好的文章，總共有九十九篇，不僅字句筆筆工整，且篇篇創意新穎。

一夜連趕九十九篇文稿，其文思泉湧與如數繳件的功力，連許父也訝異不已。

其四：載載載童生，朝朝朝天子

金門南門海邊渡頭，是考生搭船到同安，再經驛道進京的起點，所以稱為「同安渡頭」。

有一位年輕時曾醉心於科舉，卻屢試不第的「船老大」，每次載運學子渡海去應考，總是百感交集，常常不甘寂寞，試圖藉著展露才學，出些對子為難考生。

明萬曆廿九年，許獬準備搭船進京趕考，當他來到南門「同安渡頭」，發現十餘位同是背著書簍的考生，滿面憂愁站在岸邊上不了船。因為，「船老大」出了一個上聯：「載載載載載童生」，言明若有人能對出下聯，願免費載大家過海去應考，否則，「寒窗苦讀」那麼多年，若是連船伕這一關都過不了，京城也甭去了，請大家回家再苦讀，免得白白浪費金錢。

正當大家面面相覷、絞盡腦汁大半天，遲遲想不出適當下聯之時，「船老大」已不耐煩揮著手：

——回去吧！回去好好用功苦讀，明年再來！

這時，恰好許獬趕到，問明緣由之後，獲悉上聯的意思是「一年又一年，一趟又一趟，載運童生去應考。」於是，許獬大聲問：

——阮若是答出下聯，是不是真的免費載我們過海？

「船老大」回曰：

——絕不食言。

這時，許獬不急不徐地對出下聯：

——朝朝朝朝朝天子。

意思是「每天早朝，每個朝代，都要朝見皇帝。」不但對仗工整，且涵意深遠。「船老大」頻頻點頭稱許，態度急轉彎，很客氣的請大家上船，立即起航免費載到同安，並祝福大家金榜題名。

其五：天下第一麑，許獬進士頭

金門古時候隸屬同安縣，許獬居住的后湖村，為翔風里十九都。由於他博學和多才，文章四海傳誦，更為同安縣「會元傳臚」第一人。尤其，金門考生進京應試，必須經同安的小盈嶺，順著泉州驛道北上，許獬自是不能例外，他曾在科考沿途發生許多趣事，在閩南地區為人們津津樂道。

話說有一次，許獬進京科考途經晉江，想拜訪鼎鼎大名的「天下第一通，晉江陳紫峰」，希望登門請益。

果然，許獬來到陳紫峰的學堂，行禮如儀之後，但見一群學童在梧桐樹下玩耍，有人用竹竿敲打樹上的果實，梧桐子彈落地上滾來滾去，學童爭相撿拾嬉戲，大家玩得很快樂。

陳紫峰見狀，即時出了對句上聯：

——童子打桐子，桐子落，童子樂。

由於「童」與「桐」均為應時景物；「落」、「樂」皆取其諧音。於是，許獬沉思一會兒後，立即對出下聯：

——許獬過苦海，苦海盡，許獬進！

因為，「許獬」與「苦海」，「盡」與「進」，整句用閩南語唸起來亦是諧音，而且，巧妙地套進自己的名字，在「天下第一通」陳紫峰的面前，不甘示弱表達迢遙渡海，苦盡甘來，必將在考場「中舉」。

兩人藉著對句心領神會，彼此相談甚歡，結為莫逆之交。後來，許獬在會試及殿試皆獲第一名，成為同安縣「會元傳臚」第一人，因而有「天下第一通，晉江陳紫峰；天下第一勢，許獬進士頭」的民謠在閩南地區流傳。

其六：狀元阮毋知，會元荷包內

相傳許獬科考途中經過泉州，遇到一位自命不凡的考生，常詡「必登魁首」，耳聞許獬博學多才，實力超強，暗忖「吾當避此人，出一頭地」。因此，聽聞許獬來到泉州，千方百計打探下榻的客棧，並訂房同住接近，以便了解虛實，定奪參加會考的科目。

有一天，泉州考生見許獬客房門外寫著「會元」兩字，滿臉疑惑地問：

——你這麼有把握？

所謂「來者不善，善者不來。」畢竟，許獬亦非泛泛之輩，早已洞悉泉州考生的陰謀詭計，因而將計就計，準備來一場「諜對諜」大作戰，讓他知難而退。所以，許獬故意在門外書著「會元」兩字，正等著泉州考生上鉤問起緣由。於是，許獬回曰：

——狀元阮毋知，會元荷包內。

然而，泉州考生仍不死心，常藉機邀宴飲酒作詩，暗地裡卻

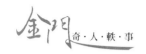

希望把許獬灌醉，讓他酒後吐真言。某日酒過三巡之後，泉州考生吟出一對上聯，特向許獬討教：

——冬雪造觀音，日出化身歸南海。

許獬雖博學多才，也帶有一些酒氣，但終究不是詩仙李白，未能「斗酒詩百篇」，三杯黃湯下肚後，竟頭昏腦脹答不出來，便假裝不勝酒力欲提早就寢。回到客房躺在床上，許獬輾轉反側難以入眠，苦思找不出適當的對句，因而準備趁東方天際露白之前，收拾行囊悄然離去，就在推開房門的當兒，瞥見天邊朝霞雲彩，觸景生情悟出下聯：

——秋雲排羅漢，風吹移步往西天。

果然，泉州考生知難而退，未敢與許獬報考同科；而許獬一舉高中「會元」與「傳臚」，成為同安縣的「會元傳臚」第一人。四百年來，「狀元阮毋知，會元荷包內」的故事，依然為人們所傳頌。

其七：日日冬至，夜夜元宵

相傳許獬與金門考生一行人離開泉州之後，途經惠安洛陽橋，見橋邊有間草寮，懸掛著「湯圓」的招牌。有人提議：

——大家走累了，何妨到寮裏歇腳，順便品嘗湯圓的滋味。

店主見來客是一群背著書簣的考生，喜孜孜地熱忱招待，也想試試他們的學識，便對大家說：

——我出一個對子，如果有人能對出，那麼，今天的湯圓免費招待！

——好吧，好吧！試試看！

　　金門考生七嘴八舌，異口同聲表示願試試身手，希望享受免費湯圓。

　　因為，湯圓是冬至應景食品，一般人都稱為「冬至圓」。畢竟，店主賣湯圓，希望每一天都像過冬至一樣，湯圓熱賣大發利市。所以，他出的對句上聯是：

　　——草寮頂上，日日冬至。

　　同行的學子你看我、我看你，沒有人敢出聲。斯時，許獬不慌不忙舉手發言：

　　——洛陽橋下，夜夜元宵！

　　店主見他對答工整，且涵意深遠，便招待大家享受免費的湯圓大餐。

其八：夜宿安溪，楹聯塗鴉

　　相傳金門進京科考學子一行，沿泉州驛道北上，某日傍晚路過安溪，見一祠堂大門未關，為節省住宿客棧的開支，決定進去暫住一宿。

　　豈料，約莫半個時辰，該宗祠族裔多人趕到，指責學子未借先住，不懂得規矩，嘲諷「書讀佇胛脊」，必將名落孫山。因此，金門學子趕緊哈腰致歉，才未被掃地出門餐風露宿。

　　所謂「助人為快樂之本」，進京趕考的窮學生，只是路過借住一宿遮風避雨而已，又不是長期強佔不還，何必如此苛責羞辱？當天晚上，許獬愈想愈氣，睜著雙眼徹夜難眠，瞧見正堂楹柱，左邊寫著：

——文士武士天下士士敬君子君子敬士。

而右邊楹柱空著，僅貼著一張褪色的紅紙條，歪歪斜斜地寫著：「期望後代子孫能對出下聯」，從各種跡象顯示，該楹聯已懸空數十年之久。

於是，許獬靈機一動，拿起筆來，在懸空的楹柱上寫著：

——臭猴死猴安溪猴猴罵豬哥豬哥罵猴。

許獬寫畢，未待天明，趕緊叫醒同伴迅速收拾行李，星夜逃離現場。

天亮之後，該宗姓族裔見狀，火冒三丈，不在話下；但有一位耆宿認為，塗鴉者非等閒之輩，這名考生將來必定「中舉」，不如禮聘他幫忙完成下聯，但金門學子已遠離，追不回來了。

其九：曉行又曉行

相傳金門學子一行離開安溪之後，爬山涉水又走了一天路，傍晚時分來到一間客棧，大家精疲力竭想早早歇息。

可是，客棧裡也有其他赴考的書生，其中有兩人在正廳裡，一邊飲酒，一邊吟詩作對，嚷著：

——曉行又曉行，十里天未明！

由於想不出接續的詩句，卻一遍又一遍，重複地吟唸著相同的句子，音量摻雜著酒精，至為聒噪惱人。許獬聽得很不耐煩，出面制止：

——太吵了！小聲一點好嗎？

兩位吟詩書生，未多加理會，繼續吟唱：

——曉行又曉行，十里天未明！

許獬終於開始有點按捺不住：

——想不出下聯，別在那裡丟人現眼！

兩位書生仍視若無人，繼續一遍又一遍地重複吟唱。

最後，許獬覺得忍無可忍，決定「以其人之道，還治其人之身」，也故意放聲吟唱著：

——不見書生面，只聞放屁聲。

因此，那兩位書生很不服氣，藉著酒膽以髒話開罵，許獬也不甘示弱，以牙還牙，雙方吵了起來，進而準備大打出手，最後鬧進衙門裡，雙方互控被侮辱。升堂之後，縣官令兩造從實招

鄉賢許獬入祀「會元館」

「鄉賢」許獬的故居（翻攝自會元館）

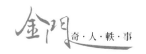

來，要求將事件經過敘述一遍。於是，兩位書生搶著發言，異口同聲吟出：

　　——曉行又曉行，十里天未明！

許獅聽後暗笑在心裡，緊接著回應：

　　——不見青山面，只聞流水聲。

縣官聽後拍手叫好：

　　——對得好，對得好，哪有不雅髒話辱罵人？

於是，將雙方訓誡一番後斥回。

其十：皇帝測文才，頂真句作詩

　　許獅博才多學、機智過人，文章四海傳誦，連神宗皇帝亦有耳聞，但對其作詩功力，仍半信半疑。

　　因此，神宗皇帝特召許獅進宮，親自令以「天」為題作詩，首尾皆要是「天」字，且各字間以「頂真句」連接。（註：頂真句，也稱頂針、聯珠、鏈式結構之文句。亦即將前一句尾字，作為後一句的首字，使兩句首尾相連，前後承接，產生上遞下接的效果，好像串珠子似的。用頂真法創制的聯語，要做到語句連接緊湊、生動明快，並非易事。）

　　相傳，神宗皇出完題，待敘明規定事項後，片刻之間，許獅的詩也寫好了：

　　——天為君為事，事事皆有道；道德有其門，門前生瑞草；
　　　　草木又逢春，春夏好光景；景景宜作家，家貧出孝子；
　　　　子孫皆有孝，孝而感動天。

神宗皇帝看過許獬的詩，仔細檢查，確實首尾有「天」，且前句尾字與後句首字相同，符合「頂真句」寫法，對許獬博學多才與機智反應，讚不絕口！

許獬一生的傳奇趣事，四百年來在閩南地區廣為人們所傳頌，無論是被譽為「天下第一斈」或「金門第一才子」，應是實至名歸，當之無愧！同時，也印證金門是有歷史、有文化的島嶼！

寫於二〇〇九年二月

鄉賢許獬塑像

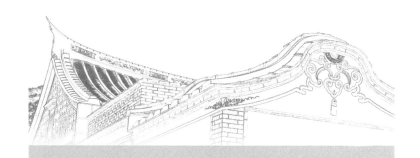

有肚量、有福氣的王國珍

「有山后富、無山后厝」──十八幢閩南古厝的故事

　　民國八十一年，金門終止「戰地政務」實驗，結束長達四十一年的「封島」軍事管制，大門正式對外開放，觀光客爭相飛臨金門，想揭開戰地神秘的面紗，兼而探訪島上豐富的人文史蹟。

　　的確，金門島自民國三十八年「古寧頭戰役」之後，開啟「國、共」兩軍長期隔海對峙，一邊高唱「反攻大陸」，另一邊則揚言「解放台灣」。尤其，自民國四十七年「八二三砲戰」起，至民國六十八年元旦止，對岸的共軍砲兵部隊，總計對金門群島一百五十平方公尺的土地，發射九十七萬餘發的砲彈。

山后村十八間厝宅第一景

同時，因島上軍民時時備戰，構築許多碉堡、坑道等防禦設施，近年來，隨著兩岸關係逐步緩和，島上駐軍陸續撤離，留下許多戰役遺址，成為主要的觀光賣點。

　　然而，觀光客到金門，除了想參訪戰役景點，也想看看島上豐富的人文史蹟，其中，位於島之東北隅的「金門民俗文化村」，便是觀光客必訪的行程之一。

　　提起「金門民俗文化村」，便讓人自然而然地想起「有山后富，無山后厝」的俗諺，以及清末旅日僑商王敬祥資助　國父孫中山先生革命，建立中華民國的故事。

　　話說昔日的金門地瘠民貧，絕大多數的成年男丁，爭相挽著包袱「落番」到南洋討生活，雖然，在番邦靠出賣勞力賺錢，工作環境差，傷亡率高，所謂的「六在、三亡、一回頭！」絕大多數落魄客死異鄉，能衣錦還鄉者不多。但唯獨有僑匯的家庭，才能過較好的生活，甚至，匯錢回來蓋「番仔樓」，因而前仆後繼，相續結伴下南洋。

　　一般而言，金門先民出外討生活，普遍是到新加坡、印尼、馬來西亞等南洋群島，先到者站穩立足點之後，再相互介紹，一批又一批的過去，經過不斷的繁衍，如今旅居海外的金籍鄉僑，已超過七十萬人，甚而形成「金門幫」。諸如：盛產石油的島國──汶萊，總人口約三十四萬人，華人即有五萬人，其中，來自金門僑親有三萬多人，且屬於小金門籍者逾九成。

　　甚至，許多「出洋客」秉持金門刻苦耐勞的精神，在僑居地開創睥睨寰宇的大事業，分別在經濟金融、電力能源、海上運輸、觀光旅遊等領域獨霸一方，如旅居馬來西亞的工商鉅子楊忠禮、旅新加坡全球航業翹楚張允中、銀行家黃祖耀等等，所開創的事業王國，在當地均具有舉足輕重的地位，名揚國際！

　　可是，在眾多華僑之中，出生金門山后村的王國珍，卻走相

反的方向，隻身到東洋日本謀生；尤其，東洋「大和民族」先天精打細算，處處斤斤計較，一個從金門千里迢迢渡海而去的「孤鳥」，如何能在日本人群中立足？又如何能在「商場如戰場」中獲勝致富？

此外，旅外華僑賺大錢衣錦還鄉，回到金門蓋房子，大都是興建具歐洲風味的「洋樓」，而王國珍一口氣蓋了十八幢「燕尾脊」式的磚瓦閩南傳統建築，亦屬箇中異數。

左：山后村十八間厝燕尾脊巷弄仰景
右上：山后村十八間厝燕尾脊後景
右下：山后村十八間厝正面一景

一連串的疑惑，為揭開這些謎題，筆者先後多次訪問山后村的耆宿，以及「財團法人金門民俗文化基金會」董事長王少騏，並參考文化村內的簡介及相關報導。

　　經過多方的探討，初步找到的謎題是：

　　——有肚量、有福氣的王國珍。

　　話說清朝同治七年（西元一八六八年），金門山后村人王國珍，於廿五歲那年隻身前往日本謀生，先在長崎落腳，租了一間小房子安頓下來，每天出外辛勤工作，節衣縮食過生活，夢想能存一筆錢衣錦還鄉。

　　翌年冬天，在一個寒冷飄雪的夜裡，屋外突然傳來急促的敲門聲。王國珍開門查看，發覺是一位中年男子，用中國話請求借宿避風雪。雖然，與不速之客素不相識，但同是出外的炎黃子孫，所謂「人不親、土親」，於是，趕緊為他熬熱湯，招待吃晚餐，讓他渡過一個溫暖的寒夜。

　　原來，不速之客是來自大陸東北的同胞，初次搭船渡海到日本，希望尋找貿易伙伴，推銷東北盛產的大豆、小麥及玉米等五穀雜糧，卻因人生地不熟與語言不通，訪友不遇流露街頭，幸王國珍收留招待，才沒有被凍死在異鄉。

　　因為，東北客是專程到日本促銷農產，既然巧遇王國珍援助，且「同在異鄉為異客」，兩人形成莫逆之交，彼此商量的結果，由東北客提供農產品，合作在日本經銷。於是，清同治十年（西元一八七一年），王國珍先在神戶成立「復興號」洋行，做起販售大豆等五穀雜糧的生意。

　　由於東北客感念王國珍救命之恩，除了貨源充分供應，且價格特別優惠。因為，大豆、小麥等五穀雜糧，是食品的製作原料，為每天的民生必需品，日本地狹人稠，需求量龐大；而且，

五穀雜糧亦是畜牧業的主要飼料，消耗量亦至為可觀，因此。王國珍經營的「復興號」洋行開張後，業務蒸蒸日上，生意愈做愈大，買賣的貨品愈來愈多，貨源擴增到福建的茶葉、和台灣的蔗糖等等。

同時，王國珍的兒子王敬祥，以及侄輩王敬濟等新生代，相續加入經營團隊，關係企業應運而生，陸續在日本成立「振興號」、「源興號」及「致和號」等多家洋行，並開始擁有自己的船隊，商埠很快擴展到海外，先後在廈門成立「敬記洋行」和「昌記號」、上海的「復興隆」、新加坡的「和記公司」、越南峴港的「東南公司」、印尼泗水的「和興號」等等。此外，天津、大連、煙台、哈爾濱、台

旅日僑商王國珍商務網路圖
（翻攝自民俗村簡介）

王國珍經營「復興號」洋行支票
（翻攝自民俗村簡介）

灣等地，也均設有商務分公司，行銷網路遍及亞洲各地，建立起龐大的事業王國。

由於王國珍在日本經商事業有成，且因待人誠懇，平素熱心公益，深獲旅日僑界的愛戴，獲推舉擔任「阪神閩粵會館主席」，並出任「旅日華僑總會會長」，出錢出力服務旅日同胞，不在話下。

清光緒二年（西元一八七六年），也是「復興號」洋行開張

後的第五年，王國珍事
業已具規模，業務步上軌
道，決定暫時放下繁忙的
生意，回一趟金門探視故
鄉的親人。當他回到金門
山后老家後，發現宗族人
口眾多，卻沒有足夠的房
屋居住，因而決定出資蓋
房屋和學堂，讓族人有房
子住，子弟也有求學讀書
的地方。

　　畢竟，王國珍是旅居
日本的生意人，在商場打
滾多年，早已陶鑄「掌握

十八間厝宅第通門

企機，劍及履及」的精神，既然決定要興工蓋房子照顧族人，即
刻開始尋找建地，著手進行籌建事宜。

　　當時，山后村的聚落，位於金門本島的東北角，東向大海、
北倚獅山，西臨五虎山，南與碧山接壤，環境依山面海，景色十
分幽美。數百年前，居民選在北邊的山坳築屋而居，過著傳統的
農耕生活，王姓居上方，稱為「上堡」；梁姓則在下方，稱之為
「下堡」。

　　經過仔細的勘察，王國珍看中「上堡」與「下堡」之間的一
塊山坡地，面積約有五、六公頃，於是，專程到大陸江南地帶聘
請建築名師，經過縝密的規劃，決定興建十八間兩落或三落的閩
南傳統大厝，包括住宅、學堂與宗祠。

　　土木工程藍圖完成規劃設計，王國珍從內地聘請工匠、木
匠和石匠，並到泉州與漳州等地選購建材，於清光緒二年（西元

海珠堂中庭一景

海珠堂正堂一景

一八七六）正式動工，前後歷經廿四個寒暑，直到清光緒廿六年（西元一九〇〇）全部竣工，總計興建二落大厝十六幢，三落學堂及二落宗祠各一幢，依山面海，坐西面東，分成三行整齊排列，合稱為「山后十八間厝」。

因為，「十八間厝」併排而立，佔地四公頃，氣勢磅礡，美輪美奐，展現閩南傳統建築文化之美，更具體呈現華僑回饋鄉里之豪情，放眼金門島上絕無僅有，因此，凡是見過的人，無不驚羨不已，讚嘆「有山后富，無山后厝」！

所謂「有山后富，無山后厝」，意思是金門島上，可能有人和山后王氏家族一樣的有錢，但沒有人能和山后一樣大手筆，蓋那麼宏偉、壯麗的十八間雙落大厝。

事實上，就整體景觀而言，這十八幢「燕尾脊」的紅磚瓦厝，順著緩坡而建，戶戶坐西面東，背後倚靠山坡，前覽浩瀚的碧海藍天，家家晨起開門迎朝陽，面對光明和希望！尤其，作為學堂的「海珠堂」，學生坐在正廳上課，即可觀賞旭日東昇，有如海上懸珠般之珣麗壯觀，因而命名為「海珠堂」。據說，當初的規劃設計，正希望學子每天面對朝陽，激勵奮發向上，成長之後能將王氏家風發揚光大，成就大事業貢獻社會，回饋家邦。

其次，就構建格局而言，無論是庭院與樓閣的配置，或是牆壁、屋簷、樑柱或門窗的施作，俱是匠心獨運。特別是主屋屋

海珠堂堂前懸匾

海珠堂前景

脊採「燕尾」式，突歸則採
「馬背」式，從巷弄向天空
仰望，一幢幢的「燕尾脊」
飛翹相向，仿若千軍萬馬、
刀劍出鞘，展現劇力萬鈞，
銳不可擋之氣勢。

　　而且，屋宇地基皆以花
崗石塊或石條構築，外牆則
是紅磚疊砌，庭前、柱頭、

十八間厝「王氏宗祠」建於龍脈上的龍
尾岩石

牆壁與窗櫺，處處可見木雕、彩繪、石雕、泥塑或剪黏等手工藝
品，極具巧思與美感，展現豐沛的藝術生命力，讓閩南文化建築
特色發揮得淋漓盡致，堪稱為閩南傳統聚落的經典之作。

　　此外，就地理風水而言，作為「王氏家廟」的那幢雙落厝，
門前右側有塊凸起的岩塊，據說那是龍脈之頭，而「神龍往往是
見首不見尾」，所以，在廟內神龕後廊右側地面，也隱藏著凸起
的岩塊，相傳那就是龍尾。換句話說，當初「王氏家廟」選擇建
在龍脈上，正是希望能庇蔭子孫人丁旺盛，代代事業興隆。

十八間厝正宅「燕尾屋脊」與附龍「馬背屋脊」，巷口凸起之岩塊，係龍脈之頭

　　「山后厝」落成之後，王國珍將事業悉交兒子王敬祥經營，正式告老返鄉，從日本回到金門安享晚年，並親自將其中的十六幢宅第，分配給族人居住。同時，也聘請私塾老師在「海珠堂」為學子上課，實現興辦學堂的夢想。

　　當然，王國珍亦非只照顧王氏族裔，平日，在地方上熱心公益、樂善好施，致力修橋鋪路，造福桑梓不遺餘力。清光緒廿九年（西元一九○三年），王國珍走完人生旅程，在山后老家辭世，安葬於五虎山麓，距生於道光廿三年（西元一八四三年），正好享壽一甲子。

　　王敬祥承接父業之後，進而發揚光大，事業版圖擴展至新加

十八間厝「王氏宗祠」　　　　　　　　十八間厝「王氏宗祠」正門

波、菲律賓、越南、印尼等地，在日本成為僑商巨擘，獲推荐出任「旅日華僑總商會會長」，並出錢出力支援　國父孫中山先生進行建國革命，擔任「中華革命黨日本支部長」。據說，其子王重山誕生，名字即由孫中山先生所取。民國十二年，王敬祥不幸於日本逝世，孫中山先生親臨弔唁，備極尊榮，隨後靈柩運回金門，落葉歸根。

　　王國珍父子，出生於皇清，雖不像許多鄉賢在科考「中舉」，接受朝廷封官賜爵，光宗耀祖。但是，所謂「行行出狀元」，他選擇到東洋日本打拚，卻也能幹出一番大事業，不但返鄉蓋房屋、辦學校，同樣能光耀門楣、造福桑梓；而且，也捐資

贊助　國父孫中山先生從事革命建國大業。其愛鄉與愛國的情操，為旅外僑親立下了典範；所建的十八間「山后厝」，就是最佳的見證！

　　民國三十八年，大陸河山風雲變色，金門不幸淪為「國、共」兩軍重兵對峙的戰場，近四十年烽火漫天，島上居民被迫流離失所，山后的王氏族人亦不能例外，許多人遷居台灣避禍，「山后厝」乏人管理，任風吹雨打，日久失修，屋宇房舍逐漸荒廢。

後排左起第九人為資助孫中山先生革命的旅日僑領王敬祥（翻攝自民俗村簡介）

左：王敬祥擔任「中華革命黨日本支部長」
　　委任狀（翻攝自民俗村簡介）
右：孫中山先生給王敬祥親筆函（翻攝自民
　　俗村簡介）

十八間厝「禮儀館」正廳

　　民國六十四年，「金門戰地政務委員會」為保護閩南文化
遺產，斥資整修「山后厝」，規劃為「民俗文物館」、「禮儀
館」、「喜慶館」、「生產館」、「武道館」、「休閒館」、
「古官邸」等，並廣徵先民使用的古文物，陳列各館供遊客瀏
覽，名為「金門民俗文化村」。

　　民國八十一年金門結束「軍管」，翌年開放觀光，訪客絡
繹於途飛臨戰地金門，爭相想看看九十七萬發砲彈擊不沉的海
上孤島。當然，金門擁有豐富的人文史蹟，「民俗文化村」是
觀光客必訪的行程，每日門前廣場上停滿著遊覽車，訪客徜徉
於屋宇之間，手拿相機拍照留念。

　　目前，「金門民俗文化村」由王氏族裔成立財團法人基金會

十八間厝「生產館」外石磨

十八間厝「喜慶館」洞房

十八間厝「喜慶館」新娘花轎

十八間厝「喜慶館」嬰誕室

十八間厝「武道館」兵器

經營管理,「金門國家公園管理處」編列經費協助維護。然而,當年由「戰地政務委員會」主導整修,又逢兩岸因「聯合國」席次爭奪劍拔弩張,台海戰雲密布,因此,王國珍在日本發跡真正的原因,似乎被忽略了,展示館主體文宣的重點,著墨於其子王敬祥資助孫中山先生革命,政治宣傳意味濃厚,王國珍「有肚量,有福氣」之情節,未能詳實記載,似有美中不足之憾。

畢竟,若非王國珍「有肚量,有福氣」,否則,當晚若拒絕了東北客借宿,恐怕就沒有「山后十八間厝」的故事發生,不是嗎?

──二〇〇九年六月二十三浯江副刊

山后「金門民俗文化村」前景

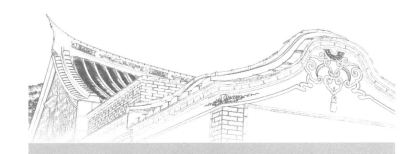

雙落厝的傳說

　　金門臨近大陸，僅隔著一道狹窄的金廈海峽，由於島上的居民，大都源自於對岸的廈門、泉州與漳州。因此，兩岸人民往來密切，自古即有地緣近、血緣親、語緣通、文緣深、俗緣同等「五緣之親」，情感血濃於水！

　　古時候，金門島上的聚落民宅，普遍是閩南傳統建築，舉凡磚、瓦、杉木、石條與石塊等建材，統統來自大陸內地，只有採自海邊的細沙與蚵殼燒成的白灰，從金門本島就地取材。同樣的，蓋房子的泥水匠、木匠、石匠等大師傅，也統統來自內地，只有小工或雜作，一些比較沒有技術性的工作，才由本地人充任。

金門與大陸一水之隔，兩岸人民往來密切，情感血濃於水

140

馬背屋脊也是金門聚落的特色

金門致力保護閩南傳統築，處處可見燕尾屋脊

因此，放眼島上的聚落民宅建築，無論是渾圓的馬背屋脊，或是簷角雙翹的燕尾，甚至是屋瓦走向、磚塊壘砌，其造型與格局，均蘊含著濃厚的閩南風味，乍看與內地的聚落，並沒有什麼不同。

金門是海中孤島，冬天雨量稀少，東北季風凜冽，遇到風起時，四野裸露地飛沙走石，居民深以為苦。此外，昔日農村社會，牲畜與人生活在一起，不僅衛生條件差，且醫藥不發達，居民疫病叢生，尤其，教育不普及，民智未開，深信「百般病，由寒引起」，所以，一般民宅窗口都很小，以減少寒風吹襲，同時，許多村落的迎風處，都立有「風獅爺」，藉以「驅邪、鎮風沙」，祈求合境平安。

其實，金門島上的民宅窗口都很小，最主要的原因，是金廈海域盜匪出沒無常，動輒登島打家劫舍、擄人勒索，居民聞海盜色變，所以，房子外牆構築特別堅厚牢固，有時

金門島上的房屋，為防寒風與海盜，窗口都很小

金門部份房屋，整片牆壁都未留窗口

漳州的紅磚瓦厝，窗牖開口明顯
較大（攝於漳州長泰縣）

候，甚至是整片外牆用石塊或石條砌成，卻沒有開鑿任何窗牖，即使鑿有窗口，也是非常狹小，因而一幢四合院，仿若是一座小城堡，除了防風之外，防盜、防搶的功能更為明顯。

事實上，昔日金門是童山濯濯的海上孤島，到處黃沙滾滾，民不聊生，成年男丁被迫相偕挽著包袱，拋妻別子遠離父母，搭船「落番」到新加坡、印尼、馬來西亞、菲律賓等南洋群島討生活，靠出賣勞力賺取微薄的血汗錢，寄回金門奉養親人。

然而，在人生地不熟的蠻荒異域做苦力，由於勞動環境差，衛生條件不好，傷亡率極高，因而十之八九窮途潦倒客死他鄉，所謂「六亡、三在、一回頭！」換言之，十個「落番」的鄉親，能衣錦還鄉或落葉歸根者，終究是少數，許多家庭的老人家，天天倚門企盼，巴望「分批仔」能捎來音訊和匯款，因為，一般家

泉州燕尾房屋，窗牖也較為寬大
（攝於泉州豐澤區寶山社區）

金門島上的「番仔樓」，都是華僑海外打拚
心血的結晶

庭若有僑匯，才能吃得飽、穿得暖，甚而有錢修建房子樓風避雨，一家老小能過較良好的生活。

　　當然，所謂「行行出狀元」，仍有許多幸運的「出洋客」，憑恃著刻苦耐勞、奮勵向上的精神，赤手空拳在僑居地打下一片江山，事業有成賺了大錢，不少人不忘故土家園，爭相匯款回故鄉蓋「番仔樓」、興辦學校，所以，在金門島上聚落裡，都有一些高聳的「番仔樓」，那是華僑出洋打拚的心血結晶；也因此，金門自古即是有名的「僑鄉」，「番客」遂也成為海盜覬覦的對象。

　　金門位居閩、台海域交通樞紐，自古即是海疆重鎮，明洪武年間為防倭患，在島上置守禦千戶所，築城設寨，因其形勢「固若金湯，雄鎮海門」，所以取名為「金門城」。清康熙年間，開始在島上設立總兵署，駐紮水師緝捕海盜；嘉慶年間，鄉賢李光顯和邱良功兩表兄弟，先後在閩南、江浙一帶緝捕海盜，屢建奇功，諸如邱良功圍剿漳州大盜蔡牽，終結橫行於閩、浙、粵三省

水域近二十年的海盜集團，獲朝廷封「三等男爵，照例承襲」，即為明顯的實例。

滿清皇朝被推翻之後，民國成立之初，原駐防金門清軍裁撤，軍械悉數繳盡，島上沒有任何駐軍及海防，以致海盜猖獗、出沒無常，經常上岸進行綁架、搶劫，居民被搶、被殺害者不計其數；被強擄人質慘遭酷刑，或剁下手寄回勒贖時有所聞，根據金門縣志記載，僅僅是民國十四年之中，金門島上遭綁架、搶劫高達四十三案，縣官束手無策，居民寢食難安。因此，諸多村落建築瞭望台和「槍樓」，由壯丁組成自衛隊輪流巡邏守夜。

所謂「槍樓」，就是為防患海盜入侵，在制高點構建一幢高樓，四面堅厚牆壁及頂樓女兒牆均設置槍枝射口，易於監控海面或要道，當海賊來襲時，守衛的哨兵在槍樓居高臨下，以火力對付盜賊。諸如金沙鎮沙美的西、南兩側村郊，以及成功村海邊，目前仍保存有「槍樓」，為昔日海盜騷擾金門作見證。

提起「槍樓」，民國二十年建於金城前水頭的「得月樓」，最具代表性，亦是華僑在南洋經商致富，匯款回到家鄉蓋「番仔樓」，附帶興建防禦「槍樓」的經典之作。因為，「得月樓」高達十一公尺，內部分為四層，並有露台屋頂一座；

金沙鎮沙美村郊西側槍樓

沙美村郊南側槍樓

前水頭的「得月樓」是華僑建大樓兼興建槍樓防禦海盜的經典之作

由於外牆堅厚達五十公分，且四面牆壁及頂樓均設有射口，視野極為遼闊，槍口火力扼控四面八方。尤其，樓底設有地下密道，形成銅牆鐵壁的城堡，易守難攻，讓「海盜」望而生畏，不敢輕易進犯。由於這一座「槍樓」是當年金門島上數一數二的挑高建築，亦是水頭村的地標，猶似「近水樓台先得月」，因而被附庸風雅稱作「得月樓」。

當然，「得月樓」是「南洋錢、唐山福」的象徵，可惜歷經七十餘載風雨歲月侵蝕，又經戰亂無情砲火摧殘，外牆留有許多彈痕，部份椽木腐朽，門窗破損，或有傾圮之虞，幸經「金門國家公園管理處」斥資新台幣二千多萬元，於民國九十七年進行整修，目前成為島上重要的觀光景點，終日訪客絡繹於途，爭相佇立樓前攝影留念。

因為，海盜成群結隊，持刀、帶槍蠻橫不講理，鎖定目標上岸之後，通常是抬著「石條」強行撞開門板，或開鑿牆壁入屋搶劫財物，甚而殺人放火，因此，居民稱海盜為「強損」。相沿至

今，金門民間罵人「強損」，指的就是蠻橫不講理，民國三十八年國軍退守金門，兵慌馬亂之際，部隊強行以民宅當營房，或為構築防禦工事佔用民地，因為，泰半官兵來自大陸北方，所以，被統稱為「北損」，暗諷和海盜一樣的不講理！

話說民國初年，位於金門東半島臨近「金廈灣」的洋山村，和島上所有的村落一樣，放眼盡是古老的紅磚瓦屋，許多人家的正廳門楣上，分別書有林姓「瀛洲傳芳」、蔡姓「青陽衍派」、張姓「清河衍派」、王姓「太原衍派」、陳姓「穎川衍派」等等宗族堂號，藉以傳承家族脈絡，象徵子孫不忘宗族本源。

當然，洋山村民也和島上居民一樣，平日靠種蕃薯，或在海灘插石養蚵過生活；成年男丁也相招逗陣「落番」討生活，所以，村內也有幾幢二層歐風式的「番仔樓」點綴其間，顯得異常醒目。

值得一提的是，到南洋打拚致富的「番客」，回到故鄉蓋房子，並非全然興建歐風式的「番仔樓」，洋山村靠海邊有二幢「太原衍派」的「雙落厝」，就是典型之作。其中，靠北邊的那一幢，佔地廣闊，氣勢雄偉，庭前還有一大片圍籬的「門口埕」，王姓屋主曾是「出洋」的華僑，在新加坡打拚事業有成之後，返回金門老家興建的房子，堅持不蓋歐式風味的「番仔樓」，依然獨鍾傳統的紅磚瓦屋，正是長年旅外思鄉情切，希望尋回對故土家園的不捨眷戀。

據村內耆老表示：王姓人家孩子成年之後，也挽著簡單的行囊，搭舢舨經廈門到「番邦」新加坡謀生，平日省吃節用，念茲在茲地奮鬥打拚，稍有積蓄之後，由經營小本生意做起，經過多年的努力，終於拚出一番事業，決定斥資回浯島建造宅第，以便告老返鄉頤養天年。

說做就做，劍及履及，王家老夫婦專程搭船返回金門，一面

二進落的紅磚瓦屋，稱為「雙落厝」

　　僱工整地，一面到內地泉州購買石條、磚瓦，更遠赴福州購買杉木，親自選擇最好的建材，並僱用三支桅的大帆船，直接運到村外海邊卸貨。

　　同時，王老先生親自到泉州與晉江一帶，聘請蓋房子的泥水匠，也到惠安請來木匠和石匠，再搭配本地的幫手小工，正式動工興建「雙落厝」。由於主要構築師傅來自內地，均俱備專業技藝，經過兩年多的施作，一幢坐東向西、美輪美奐的「雙落厝」在海邊落成，顯得耀眼奪目，連航行在海上的賊船，亦能盡收眼底，好像在他們面前擺著一塊鮮美的肥肉，焉能不動心？

　　「雙落厝」落成之後，王家老夫婦把在異邦的事業，交棒給年輕的下一代經營，深知金門海盜出沒無常，因此，特地從「番邦」僱用一個「黑印度」槍手當保鏢，一起搭船返回金門定居。豈料，返鄉不久，「強損」真的找上門了，雖幸運保住性命，但

已嚇破膽，不得已的情況下，被迫再舉家「落番」避難，留下大門深鎖的宅院，和一連串的傳說故事。

根據村內耆老表示：過去金門沒有駐守海防部隊，也沒有海巡、岸巡人員把關，金廈兩岸人民可以自由往來，因金門沒有工廠，島上居民日常生活必需用品，均靠大陸內地供應，所以，平日有許多來自對岸的小販，穿梭在各村落間叫賣販售。

因為，前來打家劫舍的「強損」，係來自大陸內地，行搶之前，通常都會先派出「探子」，扮

古時有錢人家，大門板特製雙層木板門防盜

作小販前來賣水果、日用品或收購破銅爛鐵，遊走在各村落之間，主要任務是觀察地形、地物等情報，甚至，打扮成算命、卜卦的半仙，藉機登堂入室，蒐集有錢人家的屋內陳設，以利賊頭進行打家劫舍。

一般而言，有錢人家蓋宅第，大門都是特製雙層木板門，倘若第一道門板被「強損」強行破壞，還有第二道門板可防禦。此外，也會在牆壁預留藏寶的暗洞，通常是以活動的木板或磚塊偽裝遮掩，一有風吹草動，取下活動的木板或磚塊，值錢的東西往洞裡塞，再迅速蓋上，外人乍看之下，不易露出破碇。

據傳說：賊頭決定「出草」行搶，並非敲鑼打鼓或大張旗鼓公開招兵買馬，而是利用一支乾枯的大竹竿，將尾端敲破碎裂，唆使小嘍囉在村子裡拖行，以竹竿發出「切切」的聲響當暗號，通告當晚將「出海」，有意願參加者，自行前往海邊集合；倘若

牆壁預留藏寶洞，以活動磚塊偽裝

貼上活動磚塊，藏寶洞不易露出破綻

當晚行搶過程之中，有一個人死亡，則當晚搶劫得來的財物，全部歸死亡者所有，作為償命之用；如果兩人死亡，則由兩人均分，其餘依此類推。如果幸運無人傷亡，則當晚搶得財物，賊頭自取一半，剩下的由參與者人人有份均分。或許，這就是所謂的「盜亦有道」吧！

依據「雙落厝」右鄰林姓耆老表示：以前，「雙落厝」的大厝身左側廂房，窗口下的牆壁上，有一道很明顯的補痕，那是海盜行搶遺留的痕跡。

林老先生說：他曾不止一次聽其父親說過，「雙落厝」遭搶的那天傍晚時分，其父剛好從官澳沿著海岸的小路騎馬回家，途中目睹兩艘三支桅的帆船，從小嶝角嶼的海面順風而下，天就快要黑了，帆船貼近金門的岸邊緩緩前進，顯得異乎尋常。

入夜之後，家門外突然人聲鼎沸，火把炬光照亮天際，並夾雜著撞擊門板，以及敲打牆壁的聲響，且不時傳出砰砰槍響。當時，不敢開門出去瞧個究竟，只能偷偷拿著木梯爬到門牆上，希望偷窺門外到底是發生什麼事，豈料，眼尖的「強損」衛哨疾聲喝斥：

——與你不相干，快去睡覺，否則恕不客氣！

隔天，天際露出曙光之際，「強損」走了，「雙落厝」的正門兩道木板被撞破，屋內滿地是匪徒臨走前排放的糞便，從南洋

回來的「番客」老夫婦，被五花大綁丟在大廳後面的迴廊，嘴巴還被塞著破布，所有家當被洗劫一空。幸好，一些貴重的金飾珠寶適時丟進「尿桶」裡，沉在屎尿底下（昔日沒有抽水馬桶，各家戶皆使用屎斗）。

據說，當晚海盜一共來了一百多人，他們分工合作，有人合力抬著石條，來回衝撞大門木板；也有人開鑿牆壁；同時，更有人以疊羅漢的方式爬上屋頂，伺機進入「雙落厝」搶劫。畢竟，海盜已事先做好情報偵蒐，早知「番客」帶回來一名保鑣「槍手」，所以，不敢貿然行動，一面撞門、鑿壁，步步進逼；一面嘶喊吼叫，藉以聲張虛勢。

據說，當時，村內壯丁組有自衛隊，輪流在村北的海邊「槍樓」裡值庚守夜，但是，「強摃」繞道上岸之後，即派出一組人馬阻絕通往「槍樓」的聯外道路，而且，衛哨布滿村內大小巷道。「雙落厝」被「強摃」包圍，對外孤立無援，屋主驚聞門外喊聲震天、火把炬光照亮天際，早已嚇得腿軟，只有埋伏在窗口的保鑣「槍手」，不時向窗外放冷槍，但終究寡不敵眾，最後彈盡援絕，被海盜攻進「雙落厝」洗劫財物。

事後，村人在海邊的草叢裡，發現從南洋帶回來的「黑印度」槍手慘遭殺害，槍枝不見了；而且，「雙落厝」的屋外地上，出現多灘血跡，血滴從屋前、屋後，一路迤邐到海灘，很顯然地，匪徒亦有人死、傷於保鑣槍口之下。

王家老夫婦「落番」辛苦打拚，省吃節用涓滴匯聚，好不容易返鄉蓋好一幢雙落厝，準備落葉歸根頤養天年，豈料遭海盜登門打家劫舍，雖保住老命倖免於難，但早已嚇破膽，不得已的情況下，只得再次搭船「落番」，傷心地離開魂牽夢縈的家園。

這是生為海島金門人的悲哀，若是留守家鄉，一輩子只能在島上喝著薯湯，與草木同朽；若是「落番」出洋打拚，在人生地不

金門島上駐軍為阻絕共軍登陸在海灘構築的「軌條砦」

熟的蠻荒異域做苦力，由於勞動環境差，衛生條件不好，傷亡率極高，十之八九窮途潦倒或老死他鄉，即便能幸運發跡致富，深恐海盜登門洗劫，很多僑親也不願返回金門，因此，經過長期蕃衍，如今，旅居南洋的金門華僑，據保守估計已超過七十萬人，甚而形成「金門幫」，所開創的事業王國，在當地社會具有舉足輕重的地位，名揚國際！

民國三十八年國軍退守金門，「國、共」兩軍隔著金廈海峽重兵對峙五十年，海岸構築大大小小的碉堡，三步一崗、五步一哨日夜監視海面，且海灘布滿地雷、鐵絲網，和阻絕船隻靠岸的軌條砦，因此，來自對岸打家劫舍的海盜，也銷聲匿跡五十載。

近年來，隨著台海兩岸關係逐漸和緩，金門島上駐軍幾乎撤光了，海防空洞化，兩岸人民又恢復往來，海上走私與小額貿易頻繁，雖然，目前兩岸仍分屬不同政體，金門駐有海巡、岸巡部隊，擁有各型快速艦艇，並透過電子偵測系統，能有效防止偷渡、走私，但有朝一日兩岸政權融合，那時，海盜是否會再「登門」行搶，正是許多鄉親的隱憂呢！

——二〇〇九年六月三十日浯江副刊

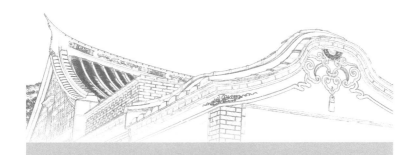

壯丁林永輝出征的悲歌

羈赴沙場君莫笑　古來征戰幾人還？

民國三十五年冬天，年鼓頻摧，家住金沙鎮洋山村的林永輝，在五個兄弟之中排行老大，父母選在這個時節殺豬、宰羊，讓他與鄰村的何姓姑娘拜了天地，了卻「有錢沒錢，討個老婆好過年」的心願！

林家先祖，來自對岸泉州府東門外東坑鄉的望族，家世書香門第。明末清兵入關，為躲避滿人荼毒乘桴於海，來到金門這個小島屯田種蕃薯，兼在海灘插石養蚵，過著躬耕自食，與世無爭的日子。

林永輝出征睽違家鄉四十餘年後，再踏上金門的土地

雖然，一年之前的八月六日與九日，美軍B-廿九轟炸機飛臨日本本土上空，分別在廣島與長崎市投下原子彈，瞬間造成三十餘萬人死亡，迫使日本天皇宣布無條件投降，日軍侵佔世界的野心全面潰敗，金門終於結束八年異族統治，居民脫離隨時可能被毒打、酷刑與殺害的恐懼，也不必再為日本人種鴉片；同時，從南洋寄回的「僑匯」恢復源源不

統一收容金門地區「壯丁」的金城「許氏家廟」

斷挹注，許多家庭可免於忍飢挨餓；更重要的是，壯年男丁毋庸
擔心被抓去當軍伕，從此可以安心過日子，繼續過太平的歲月。

林永輝成家之後，每天扛鋤荷犁，忙碌於阡陌之間，他祈望
風調雨順，春天辛勤的耕耘播種，秋天能有更多的收成，以繼承
衣缽，準備在島上繁衍下一代！

豈料，有一天，沙美區公所來了差役，送給林家一張兵單，
書明「林永輝抽中壯丁，要按時去區公所報到」，但未說明這梯
次抽中的壯丁，將要到什麼地方、出什麼樣的任務。

金門民間有句俗諺：「街路人驚呷，鄉下人驚掠」！當時，
金門還是貧窮落後的農村社會，既沒有完備的戶籍資料，也沒有
健全的兵役制度，抽壯丁並未舉辦公開抽籤儀式，區公所說誰被
抽中壯丁，誰就是被抽中了，沒有理由申訴，也無處可申訴，被
抽中的壯丁，只得乖乖認命去當兵；如果不願去報到，可用相當
的黃金、白銀或用二、三十擔的土豆油為代價，雇傭替代前往報
到，因為，只要有人頭可湊數，區公所是不會拒絕的。

二百餘金門「壯丁」搭船出航的南門渡頭

　　林永輝接到「兵單」之後，暗忖著家中尚有年邁的父母、與剛懷有身孕的妻子，以及一群嗷嗷待哺的弟弟及妹妹。何況，家裡的田產本來就不多，也沒有「僑匯」，委實沒有能力雇傭替代入伍。因此，他決定「千山我獨行，不必相送！」將按時前往區公所報到。

　　報到的那天早上，他拎著簡單的小布包，和二弟騎馬到「沙美區公所」，完成點名報到之後，立即被關進左側的廂房裡，禁止會客或探望；當年的「沙美區公所」，就是後來當作「金沙中心」小學與「金沙鎮公所」的舊址，如今作為「國有財產局金馬分處」辦公處。

　　經過兩個晚上，大概是金沙鎮被「抽中」的壯丁人數都到齊了，一行壯丁數十人，像囚犯似地被槍兵押解著，從沙美徒步到

金城，差不多走了二個多小時，穿過金城市區進入南門的「許氏家廟」，那裡是各鄉鎮壯丁集合的地方，戒備更為森嚴，四周佈滿崗哨，閒雜人不得靠近。大伙兒被押進去之後，關在裡頭一起打地鋪、吃大鍋飯，但沒有人知道將被送往何處？

　　約莫過了一個多月，隊伍終於開拔出發。那天早上，金門第一期二百多名被抽中的壯丁，從南門「許氏家廟」列隊走向海邊的「同安渡頭」。一路上，許多征人的親屬，被隔離在遠遠的地方揮淚相送，那情那景，直像杜甫〈兵車行〉的畫面：「爺娘妻子走相送，塵埃不見咸陽橋，牽衣頓足攔道哭，哭聲直上干雲霄」。但是，無情的汽笛聲響，渡輪就要起航了，卻沒有人知道將航向何方。

　　渡輪向南行駛，繞過大、二膽水域，越過金廈海峽之後，先在鼓浪嶼靠岸；鼓浪嶼位於廈門島西南隅，與廈門島只隔一條五百公尺寬的鷺江，全島面積約五平方公里，清朝鴉片戰爭之後，英、美、法、日、德、西班牙、葡萄牙、荷蘭等國曾在島上設立領事館，成為「公共租界」，抗日戰爭勝利後，才結束殖民統治。

　　因為「鼓浪嶼」是一個小島，為防範壯丁逃跑，先在島上整編。幾天之後，部隊便從廈門開始一路行軍爬山、涉水北上，經過十里洋場的上海，再繼續開拔到山東，被編入國軍第七十師，正式穿起軍服與草鞋，配發七九步槍打內戰。

　　民國三十六年初春，在山東省的雪地裡，與「八路軍」迎面打了一仗，七十師官兵傷亡逾半，餘眾被國軍五十八師收編，部隊轉戰西南的四川、貴州、雲南、廣西一帶。二年後，因盧漢叛變，部隊在廣西潰散，有人帶槍投靠「八路軍」，繼續當兵吃糧；有人則趁機把槍扔進山溝裡，脫掉軍服開小差（編輯按：開小差指以前部隊逃兵之意）逃回家。

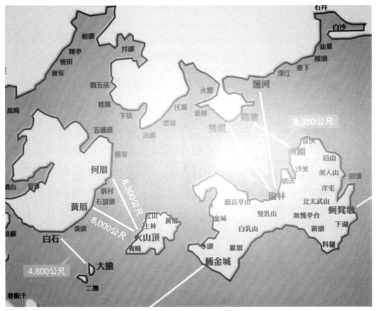

金門島臨近大陸，近在咫尺（攝自金門八二三砲戰紀念館）

　　這個當兒，沒唸過書，也不識字的林永輝，想到家裡的爹娘及妻子，離開他們已經兩年多了，音訊全無，惦念著他們是否安好？於是，他把槍扔了，脫掉軍服，從廣西省的山區觀看日昇、月落的位置，研判家鄉的方向慢慢行走；那時，部隊輾轉征戰，已經連續好幾個月沒有發糧餉，林永輝身無分文，連最基本的吃飯錢也沒有。

　　一路上，林永輝靠著行乞和採野果充飢，經過兩個多月的爬涉，終於來到福建省同安縣的海邊，故鄉金門島就在眼前，僅隔著一箭之遙的水路，島上村落簷角雙翹的屋宇依稀可見。可惜，那時已是民國三十八年冬天，「國、共」兩軍剛剛在金門古寧頭打了一仗，九千多位強行登陸的共軍，經過三天的激戰，兩千餘人被殲滅在灘頭岸際，其餘七千三百餘人被俘擄。

這是一場關鍵性的戰役，因自對日抗戰勝利之後，「國、共」開始打內戰以來，國軍與「八路軍」交手，幾乎是一路吃敗仗，兵敗如山倒潰不成軍，短短一年之間，整個神州河山風雲變色，卻在金門島的「古寧頭」一役打了大勝仗，扭轉乾坤穩住局勢。

也因此，「國、共」兩軍隔著金廈海峽大軍對峙，國軍時時高唱「反攻大陸」，在「一年準備，二年反攻，三年掃蕩，五年成功」的號召下，金門島上十幾萬守軍枕戈待旦，官兵晨起或晚點名，都要高唱「反攻，反攻，反攻大陸去；反攻，反攻，反攻大陸去！大陸是我們的國土，大陸是我們的鄉親。……，我們要反攻回去，把大陸收復！」

同樣的，共軍則聲聲恫嚇「解放台灣」，透過各種傳聲筒，大肆鼓吹「台灣是中國領土不可分割一部分，我們一定要解放台灣」。尤其，人民解放軍福建前線廣播站，在每階段統戰喊話之後，皆會慣性地播放歌曲，最常播的歌曲即為「我們一定要解放台灣」，歌詞是：「我站在海岸上，把祖國的台灣省瞭望，日月潭邊波在胸中蕩漾，阿里山嶺濤在耳邊震響。台灣同胞我骨肉兄弟，我們日日夜夜把你們掛在心上。全國人民團結一致、同心協力、共同奮鬥，朝著一個方向。解放台灣、統一祖國，讓那太陽的光輝照耀在台灣島上。我們一定要解放台灣，讓那太陽的光輝照耀在台灣島上。」

由於「國、共」兩軍隔海重兵對峙，雙方劍拔弩張，隨時可能再爆發戰爭。金、廈舟楫中斷，林永輝只能在岸邊望呀望，望不盡歸鄉路！經過幾十晝夜的爬涉，再高的山，擋不住那份對故土家園的眷戀；再深的水，也阻擋不了那份難以割捨的骨肉親情，十萬八千里的路都走過了，卻爬涉不了橫在家門口的短短的水路——「國、共」內戰的政治鴻溝。

民國四十七年「八二三砲戰」實況照
片（攝自金門八二三砲戰紀念館）

戰火蹂躪後的古寧頭村景（攝自金門
縣政府縣長室壁飾）

林永輝開始在同安縣的海邊等待，他常常翹首東望，從晨曦初露到黃昏夕照，甚至是月落星沉，一天等過又一天、一月等過又一月、一年等過又一年！等呀等，望呀望，找不到歸鄉之路！

偶而，他面向金門島大聲呼喚，呼喚近在咫尺，卻遙不可及的故土和親人；有時，用手觸摸海水，因為，海水和故鄉的土地緊緊相連，自己的雙手觸摸到海水，就等於擁抱故鄉，以慰藉思鄉情愁！

民國四十七年八月二十三日，「國、共」兩軍又啟戰端，各用大型火砲轟擊對方，砲彈成群呼咻而來、也呼咻而去；特別是午後，斜陽無羈地傾灑在金門島上，比較有利望遠鏡觀測，這個當兒，共軍毫不留情地開砲猛烈轟擊金門。所以，每天下午，林永輝常常爬到山坡上，注視著故鄉落彈之後，揚起陣陣塵煙，甚或是火光沖天、濃煙升起。

當然，林永輝不是在觀賞電影，享受聲光效果的感官刺激，而是如承刀割的陣陣椎心之痛。因為，親人正遭受無情砲火的摧殘蹂躪，生死難卜，每每是不自覺地喃喃默禱，祈求菩薩庇佑，希望砲彈儘量落在曠野，萬萬不能碰觸房舍或傷及同胞的身體髮膚！

民國五十五年，中共領導人毛澤東發動「文化大革命」，其

間，由於林永輝的身分特殊，曾被列為「國特」、「黑五類」，遭「紅衛兵」批鬥、批臭，不時被戴高帽遊街示眾或關進牛欄，最後，被下放到荒漠進行「勞動思想改造」，受盡莫大的屈辱與折磨，幾度想自殘了斷生命。

然而，每當想到在山東雪地的戰場上，同行的士兵在槍林彈雨中血肉橫飛、屍臥遍野，自己好不容易能從硝煙彈隙中撿回一命，沒有命喪槍砲之下，豈能死在自己的手裡？

何況，爹娘就在眼前，一息尚存，還要和他們相見！畢

對岸共軍歷年來向金門發射的砲彈類型（攝自金門八二三砲戰紀念館）

左：金門一百五十平方公里的土地，總計落彈九十餘萬發，砲彈為打鐵店收購製作鋼刀

右：「八二三砲戰」勝利紀念館外貌

竟，再殘忍的殺戮戰場都見過了，政治鬥爭的折磨，又算得什麼呢？因此，每當想到這裡，林永輝的生命又充滿著無限的活力，他仍每天在岸邊等呀等！望呀望！從晨曦初露到日落黃昏夕照，甚或是月落星沉！

海天斷阻，鄉音全無，日復一日，月復一月，一年過去了，等呀等！望呀望！來自故鄉的聲音，只有「單日」夜晚，從金門島上向大

金廈兩岸除了砲戰，還有看不見的「心戰」日夜在進行，圖為國軍北山喊話站「播音牆」

陸發射的砲宣彈，那飛越金廈海峽呼咻的聲音，以及古寧頭「北山播音站」向大陸的政治喊話與鄧麗君「何日君再來」的歌聲。

日復一日，年復一年，不僅十年過去了，甚至，第二個十年、第三個十年、第四個十年，都相續在引頸東盼的等待之中過去了——四十年，人生有幾個四十年？無情歲月催人老，林永輝眼看著自己齒危髮禿，就要老死他鄉，再也沒有多少歲月可以等待了。盼望了四十幾年，眼看著返鄉大夢就要破滅了。

幸好，所謂「皇天不負苦心人」，兩岸關係逐步改善，先是民國六十八年一月一日起，共軍宣佈停止對大金門、小金門、大擔、二擔等島嶼實施炮擊，兩岸僅剩「心戰喊話」與空飄汽球在空中交戰。

民國七十六年十一月二日，兩岸「紅十字會」開始受理老兵轉信，因此，不識字的林永輝，趕快央人寫了一封家書，信封同時寫著父親和幾個弟弟的名字，那封信經過四個多月的輾轉，好不容易才轉到兩個弟弟的手中。

　　不久，恰逢國民政府開放「老兵返鄉探親」與「國軍滯留大陸人員返鄉探親」政策，林永輝在兩位弟弟的協助下，終於在民國七十八年順利啟程返鄉，但距離家門才幾千公尺，卻要從廈門搭機繞道香港經台北，才能回到闊別四十餘年的故鄉金門。

　　根據「行政院大陸工作會報」有關滯留大陸前國軍人員處理辦法，縣市政府應派員至機場、碼頭迎接至目的地，致贈五萬元慰問金，並由各區公所辦理設籍登記，如無親友依靠或無就業能力致生活無著，應按現行社會救濟及福利辦法予以生活救助。

　　是的！林永輝回來了，睽違金門四十三年，第一期兩百多個被抽中的壯丁，只有他一人能幸運歷劫歸來，當他再踏上出征的土地，沒有昔日長官、同胞、及政府人員接機，只有他兩個年逾花甲的弟弟，與從未謀面的姪兒、外甥女婿等前往尚義機場接他，為他套上象徵「凱旋榮歸」的花圈，迎接他回到闊別四十三年的故鄉，只可惜，紅磚瓦厝的老家毀於砲火，爹、娘早已作古歸隱道山，妻子改嫁，回來之前，他是有家歸不得；如今回來了，卻是家破人亡，無家可歸！

　　不錯，當時身為「軍派」的金門縣長李清正，曾親自到洋山村探望林永輝，致贈新台幣五萬元慰問金，除此之外，一個為國去爭戰，歷劫歸來一無所有的花甲老翁，未來怎麼過生活，政府部門無人聞問，區區五萬元能安渡幾個日子？

　　當初，金門戶籍資料與兵役制度不健全，「抽壯丁」也沒有公開儀式，雖然，事隔四十三年，能找到的證明文件，是戶籍謄本登記「入伍」兩字，而且，當初區公所承辦「抽壯丁」的幹

事何先生仍朗朗健在，但空口無憑，又能證明什麼？因此，申辦「視同退伍」遲遲沒有下文，無法取得榮民證，未來生活安養就成問題，為國去征戰，竟若得這般田地！

同是為國出征，前「空軍黑貓中隊」兩名駕駛U-2偵察機出任務在大陸失事的飛行員，也一樣因「開放國軍滯留大陸人員返鄉探親」才能回來，唯一不同的是，他倆歷劫歸來，獲親人、袍澤、及大批新聞記者的簇擁，風風光光回到當初起飛的土地，政府為他們舉辦隆重歡迎儀式，而金門壯丁出征可歌可泣的故事，卻落得「年老莫返鄉，返鄉最斷腸」！

林永輝徘徊在去留的十字路口！誰來關懷？

後記：

一、本文於一九九○年十一月六日在「金門報導」刊出之後，引起總統府等單位關注，指示金門退輔會協助申辦榮民安養，終獲准進入「養護之家」。

二、林永輝老先生，已於民國九十三年十一月走完人生旅程。

一九九○年十一月六日原載「金門報導」
二○○九年七月六日改寫於浯洲副刊

後記

林怡種

　　民國八十一年之前，金門是烽火漫天的戰地，實施「戰地政務」軍管，一般人不能隨便出入。當時，國內知名作家丘秀芷女士經常「為文化上前線」，分批帶藝文作家送書到金門，或帶名嘴深入校園與營區演講，跑遍大、小金門各聚落，因而對金門島嶼瞭若指掌。

　　有一次，在一項文藝座談會上，她盛讚金門是有歷史、有文化的地方，然因外地人不能自由進出金門，特別呼籲在地的文史工作者，儘快運用筆、鏡頭或錄音帶，記錄島上的風土民情，讓金門珍貴的人文資產得以保存，否則，隨著歲月腳步的遞嬗，將逐漸消失於無形。

　　同樣地，也有一次，台灣知名鄉土作家黃春明先生和李昂小姐，應邀飛越台灣海峽與金門地區藝文界舉行座談，就文學、小說寫作上的問題，進行面對面的交流與對話。

　　席間，僅第三次到金門的黃春明大師，憑其敏銳的觀察，以及豐富的想像，直指金門曾歷經戰火蹂躪，親情飽嚐悲歡離合，島上俯拾皆是寫作的好題材。因此，戰地有志文藝寫作的朋友，切莫錯過千載難逢的良機，趕快拿起筆來，寫下不朽的篇章。

　　李昂大師也說，人們走過的歷史，是不可逆轉的一頁，譬如今天民生比以前富庶，即便環境變遷，不幸再回復往昔貧窮的日子，但今後的貧窮，絕對與過去的不一樣。換句話說，文學反映人生，這一代的金門人走過的戰爭悲情歲月，應即時記錄保存，畢竟，歷史是不可逆轉的一頁！

有幸，承蒙文壇大師的諄諄教誨，時如暮鼓晨鐘般的在耳畔迴盪。當有機會擔任《金門日報》編輯、編輯主任與總編輯時，特別是在主編「浯江副刊」的那段日子，即念茲在茲的以收錄浯島風土民情為己任；先後開闢「金門憶往」、「咱ㄟ俗語話」、「地方傳說」、「砲火餘生錄」及「老照片、說故事」等等專欄，供關心金門的朋友共同記錄浯島的風土民情。同時，自己工作閒暇，也常帶著照相機、錄音機，走訪鄉野聚落探尋史蹟文物，或聆聽老阿公、老阿嬤說故事，採集一些鄉野傳奇，佐以史籍資料彙整成篇，希望透過報刊之發行，並隨網際網路無遠弗屆傳播，盼讓更多旅外僑親了解家鄉的人文風情。

當然，吾輩生長在戰火下，沒受過完整的教育，僅憑童年到軍營附近耙草，從垃圾坑撿拾過期的勝利之光、文壇、文藝月刊等斷殘雜誌，囫圇吞棗的激盪出一股熱愛文藝的傻勁；說得更明白一點，筆者才疏學淺，沒有高深的學問做基礎，僅以最淺顯、最通俗的文字記錄一些聽來的傳說故事，如此而已。

本書能順利結集付梓，首先，要感謝文壇前輩陳長慶先生、郭哲銘先生、陳欽進先生指正並推介作序，葉鈞培老師提供蔡復一位於廈門翔安區墓園與同安區故居的照片，以及書法家張水團先生為書名題字；其次，書中情節，大部份是鄉野採集，因年代久遠，雖已盡力考證，仍恐有舛誤、疏漏，尚祈十方先進不吝賜教指正！

二〇〇九年六月廿五日

國家圖書館出版品預行編目

金門奇人軼事 / 林怡種著. -- 一版. --
[金門縣金湖鎮]：林怡種出版；臺北市：
秀威資訊科技發行 ， 2009.07
面 ； 公分. --（史地傳記類；ZC0006）

BOD版
ISBN 978-957-41-6433-2（平裝）

1. 傳記 2. 福建省金門縣

782.631   98011706

史地傳記類 ZC0006

金門奇人軼事

贊 助 單 位 / 金門縣文化局
出 版 者 / 林怡種
作 者 / 林怡種
執 行 編 輯 / 黃姣潔
排 版 設 計 / 陳佩蓉
數 位 轉 譯 / 徐真玉 沈裕閔
圖 書 銷 售 / 林怡君
法 律 顧 問 / 毛國樑 律師
印 製 經 銷 / 秀威資訊科技股份有限公司
      台北市內湖區瑞光路583巷25號1樓
      電話：02-2657-9211 傳真：02-2657-9106
      E-mail：service@showwe.com.tw
經 銷 商 / 紅螞蟻圖書有限公司
      台北市內湖區舊宗路二段121巷28、32號4樓
      電話：02-2795-3656 傳真：02-2795-4100
      http://www.e-redant.com

2009 年 7 月 BOD 一版
定價：330 元